Ronnie Floyd
General Editor

David Francis
Managing Editor

Ángel Ortiz
Manager, Multi-Language Publishing

Elizabeth Díaz-Works
Editor

Michelle Swafford
Digital Content Specialist

Rod Frias
Production Editor

Envíe sus preguntas y comentarios a:

Manager, Multi-Language Team
Estudios Bíblicos para la Vida para Adultos:
Guía para el Estudio Personal
One LifeWay Plaza
Nashville, TN 37234-0135

O un mensaje electrónico a
ministerioshispanos@lifeway.com

Estudios Bíblicos para la Vida para Adultos: Guía para el Estudio Personal (Item '005740568is published quarterly by LifeWay Christian Resources, One LifeWay Plaza, Nashville, TN 37234, Thom S. Rainer, President. © 2015 LifeWay Christian Resources.

¿Tiene algún problema con el pedido de la literatura? Visite *www.lifeway.com/espanol* o escriba a LifeWay Church Resources Customer Service, One LifeWay Plaza, Nashville, TN 37234-0113. Para subcripciones envíe un FAX al (615) 251-5818 ó un mensaje a la dirección de correo electrónico *subscribe@lifeway.com,* Para múltiples copias que se envían a una misma dirección cada trimestre, envíe un FAX (615) 251-5933 ó un mensaje a la dirección de correo electrónico *orderentry@lifeway.com.* También puede hacer su pedido mediante nuestra página Web: *www.lifeway.com* y en los Estados Unidos, Puerto Rico y Canadá puede llamar gratis al teléfono 1-800-257-7744 de 8:00 a.m. a 4:00 p.m. Hora del Centro.

Creemos que la Biblia tiene a Dios como su autor; la salvación como su finalidad; y la verdad, sin ninguna mezcla de error, como su tema. Para ver los principios doctrinales que sustentamos, visite: *www.lifeway.com/doctrinalguideline.*

A menos que se indique lo contrario, todas las citas bíblicas se han tomado de la Santa Biblia, Versión Reina-Valera 1960, © Copyright Sociedades Bíblicas en América Latina, publicada por Broadman & Holman Publishers, Nashville, TN. Usada con permiso.

Impreso en los Estados Unidos de América.

Social Media

Comuníquese con una comunidad de usuarios de los Estudios Bíblicos para la Vida. Revise los puntos generales del estudio cada semana.
Facebook.com/EstudiosBiblicosLifeWay

Blog

Visite **blog.lifeway.com/eblifewayadultos** para encontrar cada semana los puntos generales del estudio, el ítem visual de la unidad a estudiar, artículos y el Ilustrador bíblico.

Yo soy cristiano. *Por lo tanto, yo estoy conectado.*

Hagamos una lista de asuntos importantes que enfrentamos regularmente:

▶ Pagar las cuentas

▶ Criar a los hijos

▶ Mantenernos a flote en la economía de hoy

▶ Membresía de la iglesia

¿Membresía de la iglesia? Dudo que la membresía de la iglesia sea un tema que esté en la mayoría de las listas de las personas, pero debería estar. Desafortunadamente, muchos cristianos han desarrollado un punto de vista falso de lo que significa ser un miembro de la iglesia. Muchos de nosotros hablamos sobre nuestras iglesias en términos de lo que podemos sacar de ella. Esta mentalidad consumista se enfoca en los beneficios que obtenemos de la iglesia, que hace sonar a la membresía de la iglesia como si fuera la membresía de un club.

En realidad, ser parte del cuerpo de Cristo implica mucho más que eso.

El libro de Efesios nos ayuda a ver los verdaderos beneficios que vienen de estar conectados con Cristo y Su iglesia. Dentro de este estudio descubrirá seis maneras que los miembros de la iglesia están conectados: conectados en Cristo, conectados en unidad, conectados en crecimiento, conectados a través de palabras, conectados en el servicio y conectados a través de la oración.

Su conexión con la iglesia —su membresía— demostrará con el tiempo que es tan importante como pagar las cuentas y criar a los hijos. Durante este estudio usted descubrirá que, a través de Cristo, todos estamos realmente conectados de una manera que perdurará no solo a lo largo de su vida, sino por toda la eternidad.

Thom S. Rainer

El Dr. Thom S. Rainer es el presidente y CEO de LifeWay. Una de sus satisfacciones más grandes es su familia: su esposa Nellie Jo; sus tres hijos, Sam, Art y Jess; y sus siete nietos.

El Dr. Rainer publica un blog diario *ThomRainer.com* y puede seguirlo en Twitter @ *ThomRainer*. Ha escrito varios libros, incluyendo el libro que complementa este estudio: *Soy miembro de la iglesia*.

Índice

SESIÓN 1

CONECTADOS EN CRISTO

¿Cuándo estuvo usted interesado en unirse a un grupo o a una causa?

PREGUNTA **#1**

La membresía de la iglesia es un privilegio posible a través de Cristo.

APLICACIÓN **PARA LA VIDA**

La membresía tiene sus privilegios

Si se une al Club Yellowstone en Big Sky, Montana, usted puede jugar al golf, esquiar, andar a caballo, pescar, caminar, andar en bicicleta, andar en kayak y mucho más rodeado de uno de los escenarios más bellos de Norte América. Puede cenar lujosamente. Hasta podría conocer algunas celebridades. Por supuesto, se esperan todos estos beneficios en un club que requiere $300.000 de inscripción y $30.000 dólares anuales—y esto es después que usted haya comprado un condominio, mansión o rancho multimillonario.

La mayoría de las personas no pueden concebir la idea de gastar millones de dólares en tales cosas, pero podemos entender la idea de lo que es la membresía. Todos pertenecemos a organizaciones donde debemos pagar nuestras cuotas y como resultado recibimos ciertos beneficios. El problema sucede cuando traemos la misma mentalidad a la iglesia. La membresía de la iglesia no es para satisfacer nuestras necesidades, sin embargo ser miembro de la iglesia tiene un valor muy grande.

Comencemos nuestro estudio con una importante verdad del libro de Efesios—pertenecer al cuerpo de Cristo es un regalo.

¿QUÉ DICE LA BIBLIA?

Efesios 2:17-22

17 Y vino y anunció las buenas nuevas de paz a vosotros que estabais lejos, y a los que estaban cerca;

18 porque por medio de él los unos y los otros tenemos entrada por un mismo Espíritu al Padre.

19 Así que ya no sois extranjeros ni advenedizos, sino conciudadanos de los santos, y miembros de la familia de Dios,

20 edificados sobre el fundamento de los apóstoles y profetas, siendo la principal piedra del ángulo Jesucristo mismo,

21 en quien todo el edificio, bien coordinado, va creciendo para ser un templo santo en el Señor;

22 en quien vosotros también sois juntamente edificados para morada de Dios en el Espíritu.

Palabras Clave

Extranjeros, advenedizos (v. 19) —"Extranjeros" se refiere a personas que llegan a un país pero no son ciudadanos; "advenedizos" (forasteros) se refiere a personas que recién llegaron a un país. Ninguno de los dos tiene la ciudadanía ni todos los derechos.

Piedra del ángulo (v. 20) —la piedra fundamental que sostiene toda la estructura. Forma el ángulo y el soporte de la estructura que se levanta del fundamento.

Efesios 2:17-18

Si usted o yo fuéramos a la Casa Blanca en Washington D.C. y pidiéramos una audiencia con el presidente, posiblemente recibiríamos una respuesta formal que se podría traducir como, "Sí ¡claro! muy gracioso". Eso no va a pasar. No con ciudadanos comunes como nosotros. Pero si la esposa o los hijos del presidente aparecen con el mismo pedido, la respuesta sería completamente diferente. Por supuesto que tienen acceso continuo al presidente —¡son su familia!

Para poner las cosas en perspectiva, Efesios 2:17-18 no se refiere a ningún líder elegido en ningún país. Se refiere al soberano, eterno Gobernador del universo. Nosotros no podremos tener acceso al presidente, pero podemos tener acceso a Dios.

En Efesios 2, Pablo escribió que, en un momento, los creyentes habían estado lejos de Dios (ver 2:13). Él les recordó que habían sido desobedientes, viviendo en pecado y eran objeto de la ira de Dios (v1-3). Ellos no tenían esperanza y estaban en el mundo sin Dios (12). Separados. Sin acceso. Excluidos.

Pero llegó Jesús. Cuando murió en la cruz para pagar la pena del pecado, Él trazó un camino para que aquellos que estaban separados de Dios se pudieran reconciliar con Él. Jesús abrió la puerta y le dio al excluido —que nos incluye a nosotros— acceso a Dios. El regalo de la salvación es para todos los que creen en Jesús y confían en Él como su Salvador.

> *¿Qué emociones experimenta cuando piensa en que tiene acceso directo a Dios?*
>
> PREGUNTA **#2**

Las Escrituras son claras: nadie puede ganar el derecho de ir frente a Dios por sus propios medios. "Porque por gracia sois salvos por medio de la fe; y esto no de vosotros, pues es don de Dios; no por obras, para que nadie se gloríe". (Efesios 2:8-9).

Por gracia solamente, nosotros que no teníamos una relación con Dios ahora podemos llegar a ser hijos e hijas con acceso ilimitado al Gobernador del universo. Somos familia. Formamos parte de ella.

El Señor del universo está en Su trono gobernando y se nos da acceso a usted y a mí para entrar y sentarnos a sus pies. Éramos pecadores indignos y rebeldes que ahora tenemos el acceso más grande imaginable. Y ese acceso es un regalo.

> **¿En qué se parece ser miembro de la iglesia a ser parte de una familia?**
>
> PREGUNTA #3

SU MEMBRESÍA IDEAL

Diseñe una tarjeta de membresía que pueda mejorar su vida en este momento.

Diseñe una tarjeta de membresía que pueda mejorar su vida en este momento.

1. ¿Qué ganaría?

2. ¿Quién la puede usar?

3. ¿Cuánto costaría?

4. ¿Cuánto duraría?

Efesios 2:19

Establecer una relación con Dios es un poco como uno de esos torniquetes para entrar en un estadio de fútbol—pasa una persona a la vez. Dios nos salva individualmente. Todos debemos llegar a Él a través de una fe personal. Pero una vez que entramos en esa relación con Él, inmediatamente formamos parte de Su familia.

Antes de venir a Cristo, los efesios eran forasteros. Sin embargo, cuando Jesús murió en la cruz, creó un camino para que ellos formaran parte de Su familia. Ahora, a través de la fe, ellos estaban unidos a todos los creyentes —judíos y gentiles. Instantáneamente, pasaron de ser extraños a ser parte de la familia. El acceso a Dios les dio el acceso a la familia de Dios.

Recuerdo mi propia entrada en la familia de Dios cuando era un adolescente. Mi entrenador de fútbol americano de la secundaria, Joe Hendrickson, me mostró el versículo bíblico, "Por cuanto todos pecaron, y están destituidos de la gloria de Dios" (Romanos 3:23). Él me explicó que todos somos pecadores y que ninguno de nosotros merece la salvación. Todos merecemos la muerte (ver Romanos 6:23). El entrenador Hendrickson me ayudó a entender que Jesús sufrió el castigo en mi lugar con su muerte en la cruz. (Ver 2. Corintios 5:21).

Después de escucharlo explicar el evangelio, me arrepentí de mis pecados y puse mi fe en Jesús (ver Hechos 3:19). En ese momento, recibí el regalo de la salvación, que incluye el perdón de mis pecados y la adopción de Dios el Padre. Significa que el Espíritu Santo vino a morar en mí. Y me hizo parte del cuerpo de Cristo. Así como fue en el primer siglo para los creyentes gentiles de Éfeso, es para todos nosotros en el día de hoy: la membresía en el cuerpo de Cristo, la iglesia, es un regalo de Dios.

Como regalo, la membresía en el cuerpo de Cristo es algo que debe ser atesorada. No es una obligación legalista. No es un club para que nos de privilegios e incentivos. No es una licencia para merecer nada. Es un regalo que debe ser apreciado.

> *¿Qué nos impide ver la membresía de la iglesia como un privilegio?*

P R E G U N T A **#4**

Efesios 2:20-22

Los country clubs, los gimnasios, y otros sitios del mismo tipo existen primordialmente con un propósito: están diseñados para darle ganancias al dueño. Así que si usted se une a un club, tiene sentido considerar el costo, qué actividades y servicios provee, y si le agradan los otros miembros.

En contraste, la iglesia no es un negocio. Es el cuerpo de Cristo, con Jesús como la cabeza. La iglesia fue construida con en el fundamento de los apóstoles que fueron testigos de la vida, muerte y resurrección de Jesús y que declararon su evangelio. La iglesia no es primordialmente para nosotros, la iglesia es para Dios, quien la fundó y la sostiene hasta este día.

Pablo se refirió a Jesucristo como la piedra angular de la iglesia. En la arquitectura antigua, la piedra angular era la piedra más importante del edificio, más importante aun que el fundamento. Colocada en el ángulo perfecto donde se unían dos paredes, era la piedra que unía y sostenía toda la estructura. Decir que Jesús es la piedra angular de la iglesia es decir que todo dentro y acerca de la iglesia descansa en su autoridad. En otras palabras, Jesús es la razón de la existencia de la iglesia. Él es el que nos conecta a todos juntos. El propósito de la Iglesia es adorarlo y servirle.

Dios nunca tuvo la intención que Su iglesia fuera un lugar donde los seguidores actuaran como consumidores buscando ser servidos y entretenidos. En cambio, Él diseñó la iglesia para que sea un pueblo misionero que lleve a cabo la más grande e importante encomienda que el mundo haya conocido. Por lo tanto, una invitación a unirse a Jesús y a sus seguidores para llevar adelante esa misión es verdaderamente un regalo que debería inspirar nuestra humilde gratitud y motivarnos a un servicio sacrificial.

Jesús sigue siendo el fundamento de la iglesia. ¿Cuál es nuestra función en la continuación de su obra?

PREGUNTA #5

PÓNGALO **EN PRACTICA**

Efesios 2 nos ayuda a entender qué es la Iglesia. Entonces ¿cómo aplicamos esta verdad en nuestra vida?

▶ **La membresía de la iglesia es un regalo.** Dele gracias a Dios todos los días por la oportunidad de formar parte de Su familia, la iglesia.

▶ **Haga las preguntas correctas.** John F. Kennedy desafío a sus conciudadanos diciendo "no pregunte qué puede hacer su país por usted, pregunte qué puede hacer usted por su país". Esta semana, pregunte a su pastor, "¿Qué puedo hacer yo por mi iglesia?"

▶ **Invite a otros.** Identifique a aquellos a los que debe presentarles el evangelio y que deben formar parte de la iglesia. Invite por lo menos a uno de esos individuos a que vengan a la iglesia esta semana.

La membresía de la iglesia no tiene que ver con nuestras necesidades. Pero tiene todo que ver con satisfacer las necesidades de los demás. Lo que es más importante, es acerca de servir al único Dios verdadero. Sí, ciertamente la membresía tiene sus privilegios.

Peticiones de oración del grupo

SESIÓN 2

CONECTADOS EN UNIDAD

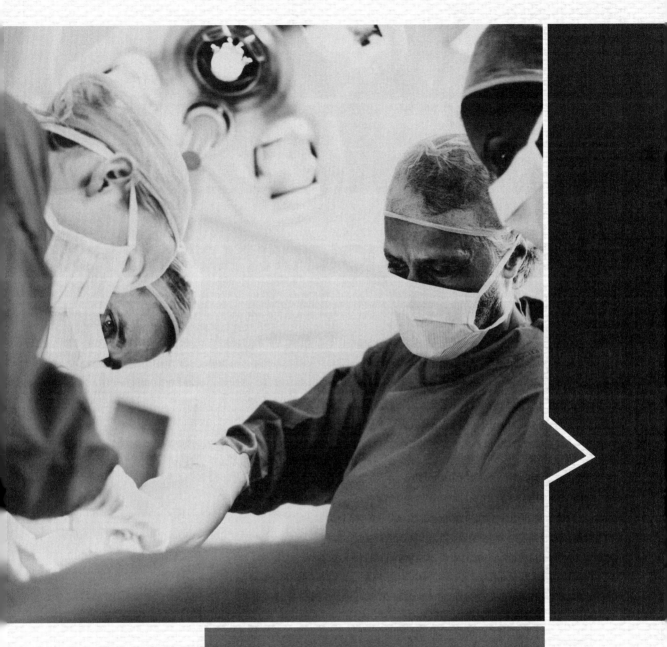

¿Alguna vez ha estado en una situación donde trabajar juntos era una necesidad y no una opción?

PREGUNTA #1

> *La unidad se da, pero mantenerse unido requiere esfuerzo.*

APLICACIÓN PARA LA VIDA

"¡Vamos!"

Esta expresión fue el grito de aliento de nuestra nación en uno de los momentos más oscuros de su historia. La misma mañana que los terroristas atacaron las torres del World Trade Center y el Pentágono con aviones, también secuestraron el vuelo 93 de United con el objeto de destruir otro blanco. Cuando los pasajeros y la tripulación se dieron cuenta de lo que estaba pasando, se pusieron de acuerdo como grupo y se metieron en la cabina del piloto para frustrar el complot.

"¡Vamos!" ("Let's roll!") fue el grito que señaló el comienzo de ese valiente acto final. Viajeros de diferentes orígenes, razas y edades dejaron de lado sus diferencias y se unieron en una misión común. Unidos por un urgente objetivo, desinteresadamente abandonaron su seguridad personal para actuar como uno solo. Se convirtieron en héroes.

¿Qué pasaría si la iglesia funcionara con tal valentía y resolución? No, no siempre estamos de acuerdo. Pero podemos dejar de lado nuestras diferencias, sacrificar nuestro bienestar personal y trabajar juntos para cumplir con nuestra misión.

¿QUÉ DICE LA BIBLIA?

Efesios 4:1-6

1 Yo pues, preso en el Señor, os ruego que andéis como es digno de la vocación con que fuisteis llamados,

2 con toda humildad y mansedumbre, soportándoos con paciencia los unos a los otros en amor,

3 solícitos en guardar la unidad del Espíritu en el vínculo de la paz;

4 un cuerpo, y un Espíritu, como fuisteis también llamados en una misma esperanza de vuestra vocación;

5 un Señor, una fe, un bautismo,

6 un Dios y Padre de todos, el cual es sobre todos, y por todos, y en todos.

Palabras Clave

Humildad y mansedumbre (v. 2) —"Humildad" es el espíritu humilde que nos impulsa a darle el lugar a otros.

"Mansedumbre" es la humildad que nos impulsa a contenernos en lugar de usar fuerza de más.

Efesios 4:1-2

Dios claramente quiere que sus hijos se lleven bien. Su voluntad es que los cristianos estén unidos. Pero la unidad no sucede en un grupo de personas simplemente porque deciden unirse a la misma iglesia. La unidad implica trabajo. Implica sacrificios. Requiere que los individuos reconozcan que pueden servir como una fuerza unificadora o divisiva dentro del cuerpo —y elijan buscar la unidad.

Pablo enfatiza esta decisión en Efesios 4:1-2 cuando desafía a los lectores a cómo tratarse unos con otros. Él les rogó que vivieran de una manera digna de su llamado como miembros del reino de Dios. La palabra traducida como "dignos" en el lenguaje original típicamente se refiere a balance, como en equilibrar las balanzas. Esencialmente, Pablo está diciendo, "que sus acciones correspondan a lo que profesan".

El mismo principio se aplica a nosotros en la iglesia de hoy. Si decimos que estamos siguiendo a Jesús, nuestro trato de otros creyentes tiene que corroborar nuestro testimonio, no estar en conflicto.

Así es que, ¿cómo debemos tratarnos unos a otros como seguidores de Cristo? Pablo explica varias características en el versículo 2: humildad, mansedumbre, paciencia y amor.

La mansedumbre está conectada con la humildad. Ser manso no es lo mismo que dejarse maltratar o dejar que tomen ventaja de uno. No es ser débil o cobarde. Más bien, involucra mostrar gentileza. Significa ser más considerados con los demás. Aquellos que son mansos no demandan hacer las cosas a su modo o tener más poder. Jesús mostró mansedumbre cuando recibió a los niños que querían acercarse (ver Mateo 19:14). El fue manso cuando animó en lugar de condenar a la mujer adúltera (ver Juan 8:10-11).

Además de la humildad y mansedumbre, Pablo pide paciencia entre los creyentes. La paciencia implica la idea de soportar las faltas de los demás y no buscar venganza cuando nos tratan mal —que va de la mano con el aceptarnos unos a otros con amor. Es la disposición a perdonar y no de ser vengativo. Es la manera cristiana que dice: "Veo tus defectos, pero de todos modos te amo. Te perdono porque Dios me perdonó a mí".

Cada uno de estos atributos es vital para mantener la unidad dentro de la iglesia.

> *¿Qué parte de estos versículos es la más difícil de aplicar?*

PREGUNTA #2

¿TIENE **PACIENCIA?**

¿Cómo demuestra su paciencia en estas u otras situaciones frustrantes?

Efesios 4:3

Pablo nunca dijo que mantener la unidad en la iglesia sería fácil. En realidad, él nos previno que iba a ser difícil. Por eso es que enfatiza la importancia de trabajar en el versículo 3. Las palabras de Pablo transmiten la necesidad de esforzarse con determinación por superar los obstáculos para el beneficio de la unidad.

Necesitamos el poder del Espíritu de Dios viviendo en nosotros que nos habilita para responder consistentemente con mansedumbre y humildad. El Espíritu nos ayuda a sobrellevar pacientemente las faltas de los otros y a perdonar cuando se nos hace daño. En otras palabras, el Espíritu nos hace uno, y el Espíritu nos da el poder para mantener la unidad guiándonos a pensar y actuar como Jesús. Por lo tanto, si estamos en armonía con el Espíritu, nos mantendremos en armonía unos con otros. Cuando estamos controlados por el Espíritu, evitamos acciones y actitudes que se infiltran dentro de la iglesia y que destruyen la unidad.

No perdonar es un enemigo de la unidad de la iglesia. En el cuerpo de Cristo, estar atado a heridas del pasado hasta que se transforman en amargura es como alimentar células cancerosas. Negarse a soltar el enojo es una manera segura de crear divisiones y sembrar discordia. Por estas razones, Pablo urge a los Efesios a lidiar con su enojo rápidamente antes de que los destruya. (ver Efesios 4:26).

Perdonar no es fácil. Puede requerir que nos desliguemos del resentimiento una y otra vez —cada vez que aparece el enojo—. Pero aquellos que verdaderamente entienden la profundidad de sus propios pecados y la maravilla de la gracia de Dios, nunca podrán negar el perdón a otras personas.

El denominador común de cada acción que interrumpe la unidad en la iglesia es el egoísmo. El deseo de dominar a otros va en contra de la obra del Espíritu Santo. Pero, poner nuestros propios intereses de lado y servir a otros, requiere esfuerzo. La unidad requiere que seamos diligentes en vivir en la paz que fue dada a la iglesia a través de la presencia del Espíritu.

> *¿Por qué cuesta tanto esfuerzo mantenerse unidos?*
>
> *PREGUNTA #3*

> *Dado que las iglesias son tan diversas ¿qué nos une a nosotros como el cuerpo de Cristo?*
>
> *PREGUNTA #4*

Efesios 4:4-6

¿Por qué es tan importante la unidad? Porque tenemos una misión que cumplir como el cuerpo de Cristo (ver Mateo 28:18-20), y no podemos completar esa misión individualmente. Nos necesitamos unos a otros. La unidad es crucial.

Pero más allá de la tarea de equipo, hay un verdadero sentido donde los creyentes están unidos espiritualmente. Fuimos formados para vivir la vida cristiana en conexión con el cuerpo de Cristo. De hecho, Pablo usa la palabra "un" o "una" siete veces para explicar los diferentes elementos que nos unen en la iglesia.

▶ Aunque está formada por individuos cristianos, la iglesia existe como **un cuerpo**.

▶ Dentro de la iglesia se encuentran personas de diferentes edades, razas, clases y más. Somos completamente diversos pero **un Espíritu** mora en todos nosotros.

▶ El Espíritu que mora en nosotros es la garantía de **una esperanza** que compartimos (ver 2 Corintios 1:22). Nuestra esperanza en común es que los que confiamos en Jesucristo podamos pasar la eternidad con Él en el cielo.

▶ Los cristianos estamos unidos por **un Señor, una fe, un bautismo.** Estamos unidos por nuestra creencia común de que solo Jesús es Salvador (ver Juan 14:6). Proclamamos esta creencia públicamente a través del símbolo del bautismo.

▶ Todos los cristianos adoran a **un Dios**, quien es Creador y Sustentador del universo. La "unicidad" de Dios es el fundamento de nuestra unidad como iglesia.

> *¿Qué pasos podemos tomar para demostrar unidad en nuestra iglesia y comunidad?*

PREGUNTA #5

PÓNGALO **EN PRACTICA**

Usted puede elegir. Sus acciones esta semana van a contribuir a la unidad o división de la iglesia. Teniendo esto en cuenta, a continuación hay algunas formas prácticas de aplicar lo que aprendió:

▶ **No participe en los chismes.** Pare los chismes cuando se los cuenten y en su lugar busque maneras de animar a las personas.

▶ **Perdone.** Todos fuimos heridos. Identifique los resentimientos que ha estado acumulando y perdone a las personas que están involucradas.

▶ **Busque el perdón**. Obre con el Espíritu Santo para identificar maneras en que usted ha contribuido a la división dentro de su iglesia. Confiese sus acciones y busque ser perdonado.

De la misma manera que los pasajeros del vuelo 93 de United, como cristianos nos encontramos unidos con un propósito mayor que nosotros mismos. Tenemos una misión urgente y un llamado divino. Tenemos una oportunidad de luchar heroicamente por la unidad en el cuerpo de Cristo.

Peticiones de oración del grupo

SESIÓN 3

CONECTADOS EN CRECIMIENTO

¿Qué es lo que más le gusta de ser un fan (aficionado, hincha)?

PREGUNTA #1

Los miembros de la iglesia se necesitan unos a otros para poder crecer en Cristo.

APLICACIÓN PARA LA VIDA

Yo soy un fan del equipo de fútbol americano de la Universidad de Alabama. Fíjese que no dije que soy *miembro* del equipo —hay una diferencia—. Yo no voy a las prácticas en la primavera ni hago ejercicios con el equipo. No estudio los videos de los partidos o participo en las discusiones con los entrenadores. El día del partido, yo no estoy en el campo de juego ayudando al equipo a anotar puntos. Ese no es mi trabajo. Soy un fan —un espectador—. Compro el boleto de entrada y animo a mi equipo desde las gradas o miro el juego por televisión.

Afortunadamente, la membresía de la iglesia no es como el fútbol americano. No debería haber espectadores. El cuerpo de Cristo no fue diseñado para operar como una organización donde los simpatizantes vienen, dan dinero y después miran a los jugadores profesionales hacer el trabajo. Todos somos participantes. Todos tienen un papel que cumplir. Todos son necesarios. Así es como el cuerpo de Cristo crece y cumple su misión.

En esta sesión veremos que la pregunta no es "*¿Tengo* que cumplir un papel en la iglesia?". La verdadera pregunta es: "*¿Cuál es* mi papel en la iglesia?"

¿QUÉ DICE LA BIBLIA?

Efesios 4:11-16

11 Y él mismo constituyó a unos, apóstoles; a otros, profetas; a otros, evangelistas; a otros, pastores y maestros,

12 a fin de perfeccionar a los santos para la obra del ministerio, para la edificación del cuerpo de Cristo,

13 hasta que todos lleguemos a la unidad de la fe y del conocimiento del Hijo de Dios, a un varón perfecto, a la medida de la estatura de la plenitud de Cristo;

14 para que ya no seamos niños fluctuantes, llevados por doquiera de todo viento de doctrina, por estratagema de hombres que para engañar emplean con astucia las artimañas del error,

15 sino que siguiendo la verdad en amor, crezcamos en todo en aquel que es la cabeza, esto es, Cristo,

16 de quien todo el cuerpo, bien concertado y unido entre sí por todas las coyunturas que se ayudan mutuamente, según la actividad propia de cada miembro, recibe su crecimiento para ir edificándose en amor.

Palabras Clave

Concertado y unido (v. 16)—"concertado" se traduce como poner de acuerdo una cosa con otra y en parte viene de la raíz de la palabra armonía. Junto con "unido" la frase refleja un todo funcionando y trabajando apropiadamente.

Efesios 4:11-12

Jesús suple a la iglesia con personas que tienen distintos talentos para ocupar los roles necesarios para la misión de la iglesia. Las funciones mencionadas en Efesios 4:11 no son una lista completa de todas las posiciones de liderazgo dentro de la iglesia, pero son importantes.

▶ **Apóstoles y profetas.** Estos líderes fueron el fundamento de la iglesia primitiva. Los apóstoles estuvieron con Jesús durante su ministerio o fueron testigos de sus apariciones después de su resurrección. Los profetas predicaron el evangelio.

▶ **Evangelistas.** Personas en la iglesia que se les dio la tarea de compartir el evangelio y buscar una respuesta a la prédica.

▶ **Pastores y maestros.** Estos roles eran combinados o complementarios; incluían nutrir, proteger, alimentar y supervisar al rebaño.

Los líderes de la iglesia no tienen los dones para hacer todo el trabajo del ministerio ellos solos. Ellos están equipados para entrenar a los santos —todos nosotros como creyentes— para hacer el trabajo del ministerio. Cada miembro tiene una función en el cuerpo de Cristo. Usted estará haciendo el trabajo del ministerio o estará equipando a otros para que de alguna forma hagan el trabajo del ministerio. Esas son las únicas dos posibilidades.

La palabra que se traduce como "perfeccionar" en el versículo 12 implica la idea de restaurar algo a su condición original o completar algo. Este tipo de entrenamiento, o perfeccionamiento es necesario para preparar a los creyentes en el servicio para hacer la obra de Dios.

Pablo entendió su papel como entrenador de otros creyentes. El escribió a los Colosenses, "… a quien anunciamos, amonestando a todo hombre, y enseñando a todo hombre en toda sabiduría, a fin de presentar perfecto en Cristo Jesús a todo hombre" (Colosenses 1:28). Pablo delegaba tareas, enlistaba gente para orar por él y se apoyaba en la ayuda de sus colaboradores.

En otras palabras, Pablo entendió su papel de siervo de Cristo. Él entendió que cada miembro tiene un papel que cumplir en el cuerpo de Cristo.

> *¿Cuándo se ha sentido completamente equipado para cumplir una tarea importante?*
>
> PREGUNTA #2

> *¿Qué obstáculos nos impiden equipar a otros o que nos equipen a nosotros mismos?*
>
> PREGUNTA #3

Efesios 4:13

¿Recuerda cuando era niño y no veía la hora de crecer? A lo mejor usted deseaba que llegara el cumpleaños 13 y oficialmente convertirse en un adolescente. O soñaba con cumplir 16 y poder tener la licencia para conducir. Pero después se dio cuenta que los 18 es la edad en que la sociedad finalmente lo reconoce como un adulto. Y después deseaba tener 22, terminar la universidad y salir al "mundo real".

También debemos esforzarnos por alcanzar madurez espiritual como creyentes en el cuerpo de Cristo. Dios les otorga a sus hijos varios dones para que nos ayudemos mutuamente a crecer. En Efesios 4:13, Pablo dice que el objetivo de Dios es proveer a Su iglesia con obreros —apóstoles, profetas, evangelistas, pastores y maestros— para levantar la iglesia a fin de que podamos alcanzar la unidad en la fe y el conocimiento de Jesús, y llegar a ser maduros.

¿Cómo evaluamos nuestro crecimiento espiritual? ¿Cómo medimos madurez? La respuesta está en el versículo 13 "…a la medida de la estatura de la plenitud de Cristo".

La vida de Cristo es nuestro blanco. El objetivo que consumía a Pablo era conocer más a Cristo, y el poder de su resurrección y la participación de sus padecimientos (ver Filipenses 3:10). Él escribió, "No que lo haya alcanzado ya, ni que ya sea perfecto; sino que prosigo, por ver si logro asir aquello para lo cual fui también asido por Cristo Jesús." (Filipenses 3:12).

Por lo tanto, nosotros medimos nuestra madurez espiritual comparando nuestras acciones y actitudes con las acciones y actitudes de Cristo. Jesús vivió para complacer a Dios. Él puso a otros antes que a sí mismo. Pacientemente soportó el sufrimiento. Amó a los que no se podía amar y perdonó a los que no lo merecían. Ese es nuestro objetivo para el crecimiento espiritual y la madurez. Afortunadamente, no tratamos de lograr solos este objetivo. Dios habilita a su pueblo con dones que les permiten ayudarse unos a otros a crecer para parecerse a Su Hijo.

> **¿Cómo podemos medir la madurez espiritual basados en la plenitud de Cristo?**
>
> *PREGUNTA #4*

Efesios 4:14-16

Tener un fundamento débil sobre la verdad de la Escritura nos hace susceptibles a todo tipo de enseñanzas falsas que nos pueden alejar de Dios. Esta es otra razón por la que nos necesitamos unos a otros en la iglesia. Pablo constantemente luchaba con maestros falsos que se infiltraban en las iglesias y descarriaban a las personas. Su solución, como se ve en Efesios 3:11-14, era asegurarse que las iglesias crecían con creyentes maduros que estaban arraigados en la verdad. El saber la verdad es la clave para discernir la falsedad. En Efesios 4:15, él contrasta las mentiras y engaños de los maestros falsos con la importancia de que los creyentes digan la verdad en amor.

Decir la verdad en amor significa ser honestos acerca de realidades tales como el pecado y como Dios ve nuestra rebelión en contra de Él. Significa que comunicamos ese mensaje con humildad, pero también significa que no comprometemos las enseñanzas de la Escritura cuando nos referimos a las bases de nuestra fe —tales como:

▶ Jesús es el único camino para la salvación.

▶ No podemos ser salvos por nuestras propias obras.

▶ Solamente podemos ser justificados cuando nos arrepentimos de nuestros pecados y confiamos en Jesús para ser perdonados.

▶ Dios espera que sus hijos vivan vidas santas.

Con Cristo como cabeza de la iglesia y con cada miembro trabajando unido y sumiso a Él, todo el cuerpo se fortalece.

> *¿Qué consejo le daría a alguien que está tratando de tener un balance entre decir la verdad y mostrar amor?*

PREGUNTA #5

"El concepto de un miembro inactivo en la iglesia es una contradicción de términos".

—THOM RAINER, *SOY MIEMBRO DE LA IGLESIA*

¿QUIÉN TE AYUDÓ A CRECER?

Registra los nombres de los individuos que contribuyeron a tu crecimiento espiritual durante las siguientes etapas de tu vida.

Niñez:
....

Adolescencia:
....

Adultez:
....

¿Cómo estás contribuyendo al crecimiento espiritual de otras personas?

PÓNGALO **EN PRACTICA**

Usted tiene la responsabilidad de equipar a otros para el ministerio o participar usted mismo en el ministerio. A continuación hay algunas maneras prácticas de cumplir con esta responsabilidad y de unirse al movimiento de crecimiento espiritual:

▶ **Sea un participante, no un espectador.** Identifique una manera específica y práctica de servir a otros en su iglesia y comunidad.

▶ **Prepárese.** Con el Espíritu Santo como guía, busque a alguien mayor y más sabio que pueda ayudarlo como mentor espiritual.

▶ **Cuídese en lo que dice.** Cuando tenga conflictos durante la semana, haga un esfuerzo para decir la verdad de tal manera que también demuestre amor.

¿Cuál es su papel en la iglesia? La respuesta a esta pregunta es clave para entrar en el campo de juego y ayudar a su equipo —el cuerpo de Cristo— a esforzarse a crecer y obtener una victoria espiritual en el mundo de hoy.

Peticiones de oración del grupo

SESIÓN 4

CONECTADOS A TRAVÉS DE LAS PALABRAS

¿Cuál es su forma favorita de compartir buenas noticias?

PREGUNTA #1

Nuestras palabras importan.

APLICACIÓN PARA LA VIDA

"Palos y piedras romperán mis huesos, pero las palabras nunca me harán daño"

No es verdad. Usted y yo sabemos que las palabras pueden ser dañinas. Usted y yo podemos recordar algún momento —tal vez una ocasión reciente—cuando alguien dijo algo que nos hirió. Quizás fue un comentario casual. Quizás un ataque directo. De cualquier manera, todavía podemos sentir la herida emocional que estas palabras causaron como si nos hubieran cortado con un cuchillo.

Sí, las palabras nos hacen daño. Las palabras pueden causar estragos. Pero las palabras también pueden ser una fuerza poderosa para el bien. Las palabras pueden motivar, animar e inspirar. Pueden traer esperanza en la oscuridad y cambiar el rumbo de una vida. Esto es especialmente cierto en la iglesia.

Como veremos en esta sesión, nuestras palabras pueden tener un gran impacto en cómo nos relacionamos unos a otros como seguidores de Cristo.

¿QUÉ DICE LA BIBLIA?

Efesios 4:25-32

25 Por lo cual, desechando la mentira, hablad verdad cada uno con su prójimo; porque somos miembros los unos de los otros.

26 Airaos, pero no pequéis; no se ponga el sol sobre vuestro enojo,

27 ni deis lugar al diablo.

28 El que hurtaba, no hurte más, sino trabaje, haciendo con sus manos lo que es bueno, para que tenga qué compartir con el que padece necesidad.

29 Ninguna palabra corrompida salga de vuestra boca, sino la que sea buena para la necesaria edificación, a fin de dar gracia a los oyentes.

30 Y no contristéis al Espíritu Santo de Dios, con el cual fuisteis sellados para el día de la redención.

31 Quítense de vosotros toda amargura, enojo, ira, gritería y maledicencia, y toda malicia.

32 Antes sed benignos unos con otros, misericordiosos, perdonándoos unos a otros, como Dios también os perdonó a vosotros en Cristo.

Palabras Clave

Redención (v. 30) —El término griego significa "liberación por un precio". Jesús pagó el precio en la cruz para darnos redención espiritual del pecado para aquellos que confían en Él.

> *¿Cuál es su primera reacción a lo que dice Pablo acerca de la honestidad y el enojo?*

PREGUNTA **#2**

Efesios 4:25-28

La iglesia es un cuerpo de individuos unidos por la misión común de avanzar el reino de Dios. Por esta razón, los que están dentro de la iglesia deben vivir de tal manera que muestren una diferencia notable con aquellos que están afuera.

Por ejemplo, Pablo animaba a sus lectores a ser veraces. Recientemente escuché de una encuesta en la cual se les preguntó a 547 profesionales, "¿Es aceptable mentir en el trabajo?" Muchos de los participantes dijeron que estaba bien mentir en algunas situaciones. Específicamente, dijeron que estaba bien mentir si decir la verdad podía limitarlos en avanzar en su carrera. También dijeron que se podía justificar mentir si las personas líderes no eran honestas, o si era necesario mentir para cubrir errores en negocios donde no era permitido cometer errores.[1]

Como sociedad, nos hemos adaptado a la práctica de la decepción aún cuando "técnicamente" decimos la verdad —pero omitimos ciertos detalles o fallamos en mencionar ciertos datos importantes—. Justificamos la decepción como "mentiritas blancas" o un "mal necesario".

Esas acciones son devastadoras para la iglesia. La deshonestidad destruye la confianza y la unidad dentro del cuerpo de Cristo.

Pablo también previno a los lectores sobre el enojo. Noten que no dijo que debemos evitar completamente el enojo. Por el contrario, él dio las siguientes instrucciones para cuando nos enojamos:

▶ No pequen.

▶ No dejen que el sol se ponga sobre su enojo.

▶ No le den oportunidad al diablo.

Hay diferentes maneras de manejar el enojo. Por ejemplo, muchas personas se revuelven en su enojo, recordando las ofensas que lo provocaron, buscando maneras de justificar su ira. El problema es que alimentar el enojo de esta manera le da lugar al diablo a tentarnos con amargura, odio y revancha. Por eso este pasaje dice que debemos hacer las paces antes que baje el sol.

La mejor decisión es ir a la persona que nos hizo enojar y buscar la paz lo antes posible. Busque perdonar. Recuerde que las palabras hieren. Y palabras dichas con enojo pueden hacer daño a la iglesia.

¿Cómo se puede beneficiar la iglesia con miembros que hablen con integridad?

PREGUNTA #3

¿ENOJARSE. PERO NO PECAR?

Circule las palabras que lo hacen enojar.

HAMBRE DROGAS **CRIMEN**
POLÍTICA WALL STREET **CONGRESO**
DIVORCIO BANCARROTA **POLICÍA**
CALENTAMIENTO GLOBAL DECEPCIÓN
CHISMES FACEBOOK **HIPOCRESÍA**

¿Cómo influyen los versículos 25-32 en las maneras que usted maneja el enojo?

Efesios 4:29-30

¿Alguna vez trató de poner la pasta dental dentro del tubo después que la sacó? Es prácticamente imposible. Las palabras son iguales. Una vez dichas, no se pueden desdecir. Si, se puede pedir perdón, pero no se puede desdecir algo que se ha dicho. Las palabras ofensivas pueden dejar una marca emocional en otros de la misma manera que un golpe puede dejar un moretón.

Pablo les previno a los creyentes de Éfeso que eligieran sus palabras cuidadosamente cuando se comunicaban entre sí. En el versículo 29, les previene específicamente en el uso de palabras corruptas en la comunicación. La palabra "corruptas" se refiere a algo podrido, tal como la comida podrida.

Nosotros tendemos a pensar que el lenguaje corrupto es insultar o decir algo inapropiado. Ciertamente ese tipo de léxico deshonra a Dios y menoscaba nuestro testimonio cristiano. Pero en el contexto de estos versículos, la referencia de Pablo al lenguaje malsano tiene que ver más con el chisme y la calumnia maliciosa. El se está refiriendo al lenguaje que le hace daño a alguien y que causa división en el cuerpo —lenguaje que desgarra espiritual y emocionalmente en lugar de edificar.

En lugar de demoler a otros, seamos intencionales en el uso de palabras que edifican unos a otros —especialmente en el cuerpo de Cristo—. Recuerde cuando alguien le dijo las palabras correctas en el momento preciso. Valoramos ese apoyo. Como representantes del reino de Dios, debemos ser intencionales en el uso de palabras que animen a otros y los ayuden a crecer. De esta manera, somos canales de la gracia de Dios, permitiéndole a Dios que ministre a través de nosotros y nos use para decir lo que nuestros hermanos en Cristo necesitan escuchar.

Pablo también les dijo que no contristaran al Espíritu Santo —algo que todos los cristianos deben considerar seriamente—. Tenemos la oportunidad de agradar a Dios cuando usamos palabras que edifican a Su iglesia. Al mismo tiempo, poseemos la habilidad de desilusionar a Dios y entristecer a Su Espíritu cuando usamos palabras que destruyen a los demás.

> **¿Cómo amplifica la tecnología el impacto de nuestras palabras?**
>
> *PREGUNTA #4*

¿Qué hábitos, rutinas y decisiones nos ayudarán a hacer los cambios comandados aquí?

PREGUNTA #5

Efesios 4:31-32

Una familia conduciendo a la iglesia comienza una discusión sobre cuentas bancarias que se transforma rápidamente en un argumento acalorado. Para cuando llegan a la iglesia, todos están frustrados y molestos. Sin embargo, cuando salen del automóvil, todos parecen felices y contentos. Sonríen y pretenden como si todo estuviera bien.

¿Qué produce ese comportamiento? La respuesta es que muchas veces compartimentamos nuestra vida. Un compartimento tiene "vida de la Iglesia" mientras que otros compartimentos revelan como *realmente* funcionamos.

La vida cristiana no funciona de esa manera. No tiene ningún sentido profesar nuestro amor a Jesús en un lugar y después abusar verbalmente o chismear de otros en otro lugar. Santiago escribió. "De una misma boca proceden bendición y maldición. Hermanos míos, esto no debe ser así" (Santiago 3:10). Seguir a Jesús requiere que nos relacionemos con los demás de la misma manera que nos relacionamos con Él. Dado que Dios nos mostró bondad y compasión —porque nos perdonó cuando no lo merecíamos— debemos tratar a otros de la misma manera.

En Efesios 4:31, Pablo le dijo a sus lectores que desecharan actitudes impías tales como amargura, enojo, ira, gritería y maledicencia, y toda malicia. Pablo concluye el capítulo con una admonición a mostrar benignidad y misericordia, y a perdonarnos unos a otros, de la manera que Dios nos perdonó a nosotros.

Una palabra caracteriza este tipo de lenguaje: amar. Como seguidores de Jesús y miembros de Su iglesia, todo lo que decimos y hacemos debe estar basado en el fundamento del amor.

PÓNGALO **EN PRACTICA**

Elegir hablar de manera positiva puede parecer fácil, pero puede ser difícil de lograr. A continuación hay algunas opciones para elegir nuestras palabras sabiamente:

▶ **Hable positivamente.** Busque oportunidades en que sus palabras animen, motiven, den esperanza, guíen, o simplemente produzcan una sonrisa.

▶ **Memorice el Salmo 19:14.** Ore este versículo cada mañana cuando se prepara para el día. Que sea su guía en lo que dice.

▶ **Sea honesto.** Identifique a la persona con quien ha sido deshonesto recientemente. Confiese su decepción, pida perdón y afirme su compromiso de usar un lenguaje honesto de ahora en adelante.

Las palabras ciertamente nos pueden herir. Esa es la verdad. Pero las palabras también pueden ser una fuerza poderosa para bien. Esa es nuestra esperanza. Elija traer esperanza a la oscuridad y conectar a otros con Cristo a través de sus palabras.

Peticiones de oración del grupo

[1] Carol Kinsey Goman, *"When It's OK to Tell Lies at Work,"* forbes.com, 04 Feb. 2013.

SESIÓN 5

CONECTADOS EN EL SERVICIO

¿Qué es algo que siempre quiso pero
que nunca tuvo?

PREGUNTA #1

Servir en la iglesia no es acerca de lo que yo quiero.

APLICACIÓN PARA LA VIDA

No se trata de nosotros.

¿Alguna vez trató de imaginarse lo que significa satisfacer las demandas de una diva? Para una estrella del rock, esas demandas incluyen un séquito de 200 personas que incluyen 30 guardias personales, chefs personales, un instructor de yoga, un acupunturista y un servicio de tintorería privado. Esta persona necesita 20 líneas de teléfono internacionales y muchas flores en su vestuario —lirios y rosas (solamente blancas y rosas pálidas) con los tallos cortados exactamente a 6 pulgadas—. Ah, y el cuarto del hotel debe estar completamente vacío de muebles, porque le envían sus propios muebles directamente de su casa.

"¡Ridículo!" decimos. Sin embargo los cristianos manejamos la vida de la iglesia con una mentalidad similar. Esperamos que la iglesia satisfaga nuestras preferencias y sirva nuestras necesidades. A veces hasta nos enojamos y amenazamos con irnos si las cosas no se hacen como nosotros queremos.

Hoy exploraremos como sería la iglesia si sus miembros se enfocaran menos en lo que ellos quieren y se concentraran más en servir a otros.

¿QUÉ DICE LA BIBLIA?

Efesios 5:15-21

15 Mirad, pues, con diligencia cómo andéis, no como necios sino como sabios,

16 aprovechando bien el tiempo, porque los días son malos.

17 Por tanto, no seáis insensatos, sino entendidos de cuál sea la voluntad del Señor.

18 No os embriaguéis con vino, en lo cual hay disolución; antes bien sed llenos del Espíritu,

19 hablando entre vosotros con salmos, con himnos y cánticos espirituales, cantando y alabando al Señor en vuestros corazones;

20 dando siempre gracias por todo al Dios y Padre, en el nombre de nuestro Señor Jesucristo.

21 Someteos unos a otros en el temor de Dios.

Palabras Clave

Llenos del Espíritu (v. 18) —"Espíritu" se refiere al Espíritu Santo, la tercera persona de la Trinidad. Ser llenos del Espíritu refleja estar bajo su liderazgo y poder.

¿Quién ha sido un modelo de sabiduría en su vida?

PREGUNTA **#2**

Efesios 5:15-17

Pablo insta a los miembros de la iglesia a evitar andar como necios y a vivir sabiamente. Por supuesto todos *quieren* ser sabios. Nunca intentamos actuar neciamente. Pero usted se sorprendería del nivel de necedad presente en las iglesias de hoy. Mi equipo de investigación hizo una encuesta en iglesias que fueron identificadas como sirviéndose a sí mismas y enfocadas interiormente.[1] Los resultados mostraron los siguientes 10 patrones de comportamiento en sus miembros:

1. **Peleas por los estilos de adoración.** Los miembros de la iglesia chocaban entre sí por los estilos de música, la instrumentación y el orden del servicio.

2. **Reuniones prolongadas:** Los líderes pasaban una cantidad extraordinaria de tiempo en reuniones.

3. **Enfoque en el edificio:** La iglesia ponía alta prioridad en el edificio y los muebles.

4. **Enfocada en los programas:** Los programas se convirtieron en el fin, en lugar de ser un medio para mejorar el ministerio.

5. **Presupuesto enfocado interiormente:** Un porcentaje desproporcionado del presupuesto es usado para las necesidades y comodidades de los miembros de la iglesia en lugar de alcanzar personas fuera de la iglesia.

6. **Demandas excesivas al equipo pastoral:** Los miembros de la iglesia tenían expectativas inaceptables del cuidado que el pastor y su equipo les daba aunque no tenían una necesidad real.

7. **Actitud pretenciosa:** Los miembros de la iglesia actuaban como si merecieran un tratamiento especial.

8. **Más preocupados por cambios que en el evangelio:** Los miembros de la iglesia se molestaban más por un

cambio de clase, pero no se preocupaban mucho en participar en la tarea del evangelio.

9. **Enojo y hostilidad:** Los miembros expresaban hostilidad frecuentemente contra el equipo pastoral y otros miembros.

10. **Apatía evangelística:** Los miembros se preocupaban más por sus propias necesidades que por el destino eterno del mundo y la comunidad alrededor de ellos.

Estos patrones son tontos porque van en contra de nuestra misión como miembros de la iglesia y seguidores de Cristo. Debemos vivir nuestra vida sabiamente, lo que significa servir a otros de una manera que esté motivada por las prioridades de Dios, no nuestra comodidad y deseos personales.

> *¿Cuáles son las implicaciones de ser llenos del Espíritu en la vida diaria?*

PREGUNTA #3

USO DEL **TIEMPO**

Haga un diagrama que muestre como divide y pasa su tiempo en un día típico.

¿De qué manera puede incorporar servir a otros en cada sección del día?

....

....

....

....

....

....

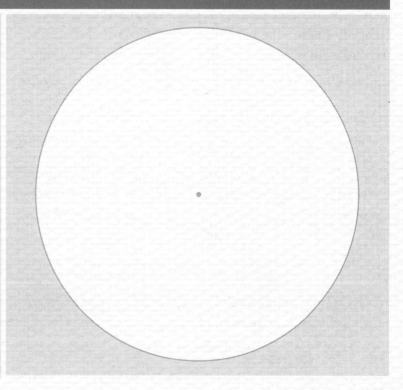

Efesios 5:18

Nuestra naturaleza es ser egoístas. En nuestra naturaleza queremos que nos sirvan en lugar de ser siervos. Así que, ¿cómo hacemos el cambio para vivir sabiamente entre nuestros hermanos en el cuerpo de Cristo? ¿Es simplemente ponernos firmes y esforzarnos en servir nos guste o no?

No. De acuerdo a Pablo, la respuesta no descansa en buscar tener más control, pero en *dejar* que el Espíritu Santo tenga el control (v.18). La sumisión diaria al Espíritu nos ayuda a producir los frutos del Espíritu en nuestras relaciones interpersonales —amor, gozo, paz, paciencia, benignidad, bondad, fe, mansedumbre, templanza (Gálatas 5:22-23).

Ser "llenos" del Espíritu es estar llenos de su poder y bajo su control —pero no es un evento que pasa sólo una vez—. El verbo sugiere una acción continua. Realmente significa "estar siendo llenados", indicando un proceso de sumisión diaria al Espíritu. De la misma manera que Jesús les dijo a sus seguidores que debían negarse a sí mismos, tomar la cruz diariamente y seguirlo (ver Lucas 9:23), nosotros debemos diariamente darle el control de nuestras vidas al Espíritu. El Espíritu entonces nos motiva a que las prioridades de Dios sean nuestra pasión.

Observen el ejemplo de los primeros cristianos. El Espíritu mostró su presencia y poder en sus vidas cuando los miembros de la iglesia vendieron sus posesiones y compartieron diariamente con aquellos en necesidad (ver Hechos 2:44-45; 4:32-37). Los primeros cristianos se caracterizaban por una actitud de auto-sacrificio voluntario en donde la generosidad ganó sobre su propio egoísmo. Los primeros cristianos también compartían su fe seriamente (ver Hechos 2:14-41). Las prioridades de Dios eran sus prioridades, y estaban motivados por una pasión por compartir el evangelio.

De la misma manera, cuando vivimos bajo la influencia del Espíritu, servimos a otros, damos generosamente y compartimos nuestra fe en lugar de enfocarnos en lo que queremos que la iglesia haga por nosotros. Cuando nos sometemos a su Espíritu tendremos el poder para vivir como Dios quiere que vivamos.

"Nunca encontraremos gozo en pertenecer a una iglesia si pretendemos salirnos siempre con la nuestra".

—THOM RAINER, *SOY MIEMBRO DE LA IGLESIA*

¿Qué cambios debemos hacer para servir a Dios de la manera que Él quiere?

PREGUNTA **#4**

Efesios 5:19-21

En los versículos 19-21, Pablo describe la influencia del Espíritu Santo en nuestras vidas. Los creyentes llenos del Espíritu eligen usar sus palabras para alabar a Dios (v.19), darle gracias a Dios continuamente (v.20) y someterse unos a otros (v.21). Estos son tres atributos que se oponen a la actitud prepotente.

Ser llenos del Espíritu Santo afecta la manera que vivimos cada día —cambia nuestras acciones y actitudes. Experimentamos un aprecio genuino por lo que Dios ha hecho en nosotros y a través de nosotros, reconocemos que somos recipientes indignos de la gracia y misericordia de Dios y vivimos en un estado continuo de asombro por todo lo que se nos ha dado. Tal actitud de alabanza y gratitud nos impulsa no solo a servir a Dios, pero también a servir unos a otros.

Jesús, el Rey siervo, nos mostró el ejemplo supremo de cómo debemos humillarnos de esta manera. La cruz no fue lo que Jesús prefirió (ver Lucas 22:42), pero Él declinó Sus preferencias, deseos y comodidad —y lo hizo para nuestro beneficio. Seguir a Jesús es hacer lo mismo por nuestros hermanos en Su cuerpo, la iglesia.

Todos los cristianos deben practicar la sumisión. Ahora bien, es fácil para nosotros decir "Yo me someto cuando ella se someta" o "yo me sacrifico después que él se sacrifique". Pero no somos responsables por la manera que se comporten los demás —aun otros cristianos en la iglesia. Somos responsables de la manera que nosotros nos comportamos. Por lo tanto, no tenemos que esperar que otros en la iglesia se sometan, sirvan u ofrezcan alabanzas genuinas a Dios. Nosotros podemos dar los primeros pasos en obediencia a Cristo a través de la influencia del Espíritu Santo.

¿Qué significa someterse unos a otros en el contexto de la iglesia local?

PREGUNTA **#5**

PÓNGALO **EN PRACTICA**

¿Es usted un dador o un receptor en el cuerpo de Cristo? A continuación encontrará algunas ideas prácticas de cómo involucrar a su iglesia de la manera correcta:

▶ **Estúdiese a sí mismo.** Vuelva a leer los patrones de comportamiento de iglesias centradas en sí mismas (lista en las pp. 48-49). Tome un momento para considerar si usted mismo contribuye o no, con alguno de estos patrones en su propia iglesia.

▶ **Acentúe lo positivo.** Haga una lista de todo lo que le gusta de su iglesia local.

▶ **Participe.** Trabaje con los líderes de su iglesia para identificar un ministerio en donde su servicio sea necesario. Después involúcrese y sirva con sabiduría.

En el mundo de hoy la sumisión va en contra de la cultura, lo que significa que puede ser difícil someterse al Espíritu de Dios —y especialmente a otros miembros del cuerpo de Cristo. Pero vale la pena. Porque la iglesia no es acerca de nosotros.

Peticiones de oración del grupo

[1] Thom Rainer, *Soy miembro de La Iglesia* (B&H Publishing Group, 2013), pp. 36-38.

SESIÓN 6

CONECTADOS A TRAVÉS DE LA ORACIÓN

¿Qué es lo que más extraña cuando se corta/va la luz?

PREGUNTA #1

Apoye a su iglesia en oración.

APLICACIÓN PARA LA VIDA

"Voy a orar por ti".

El escritor Philip Yancey cuenta de un pastor chino que regularmente bautizaba a los creyentes en la rivera de los ríos, aún después de haber pasado 20 años en prisión por su fe en Cristo. Todos los que participaban en el bautismo entendían que su participación podía llevarlos a ser arrestados y puestos en prisión. Yancey le preguntó al pastor "¿Qué pueden hacer los cristianos en el resto del mundo por usted?" El pastor contestó: "Pueden orar. Por favor dígale a la iglesia que oren por nosotros".[1]

Al escuchar esto, Yancey quería responder: "Sí, por supuesto, pero nosotros queremos ayudar. ¿Qué más podemos hacer?" Con el paso del tiempo, él entendió que los cristianos que no tienen acceso al poder terrenal creen que la oración les da acceso a un poder superior. Ellos entienden que estamos luchando una batalla contra fuerzas espirituales (ver Efesios 6:12).

En esta sesión observaremos la importancia de orar unos por otros en la iglesia. Según la Biblia, la membresía de la iglesia requiere que los cristianos intercedan regularmente por sus hermanos en Cristo.

¿QUÉ DICE LA BIBLIA?

Efesios 6:18-22

18 orando en todo tiempo con toda oración y súplica en el Espíritu, y velando en ello con toda perseverancia y súplica por todos los santos;

19 y por mí, a fin de que al abrir mi boca me sea dada palabra para dar a conocer con denuedo el misterio del evangelio,

20 por el cual soy embajador en cadenas; que con denuedo hable de él, como debo hablar.

21 Para que también vosotros sepáis mis asuntos, y lo que hago, todo os lo hará saber Tíquico, hermano amado y fiel ministro en el Señor,

22 el cual envié a vosotros para esto mismo, para que sepáis lo tocante a nosotros, y que consuele vuestros corazones.

Palabras Clave

Misterio del evangelion (v. 19) —El evangelio, las buenas noticias de vida nueva a través de la fe en Jesús, estaba una vez escondido, era un misterio. Dios ahora lo dio a conocer, aunque para muchos todavía sigue siendo un misterio.

Efesios 6:18

Si nuestro propósito como iglesia fuera simplemente socializar, eso lo podríamos lograr fácilmente. Pero la iglesia es el cuerpo de Cristo con la tarea de lograr la misión más grande que el mundo haya visto. Además, tenemos un enemigo feroz que nos trata de vencer a cada momento (ver 1 Pedro 5:8). Por estas y otras razones, necesitamos orar.

En Efesios 6:10-17, Pablo le advierte a los creyentes que se pongan toda la armadura de Dios como preparación para involucrarnos en una guerra espiritual. Después de describir el equipo necesario para luchar en tal batalla, Pablo dice que para ganar necesitamos orar. Específicamente les dice a sus lectores:

▶ **Oren todo el tiempo.** Mantengan un diálogo continuo con Dios (ver 1 Tesalonicenses 5:16). Debemos saber que Dios siempre está accesible y deberíamos buscarlo continuamente.

▶ **Oren en el Espíritu.** Nosotros nos debemos comunicar con Dios a través del poder del Espíritu. Cuando lo hacemos, el alcance y la variedad de nuestra comunicación debe abarcar todo tipo de necesidad, orando todo tipo de oración y presentando a Dios todas las necesidades.

▶ **Oren con perseverancia.** Esto significa que no intercedemos por otros una o dos veces y después nos olvidamos. Se nos anima a seguir pidiendo, seguir buscando, seguir llamando a la puerta (ver Lucas 11:9-10) porque Dios honra nuestra persistencia.

El tipo de oración que Pablo tenía en mente era intercesora: orar por otros creyentes. Cuando amamos a nuestros hermanos en Cristo, queremos lo mejor para ellos. Intercedemos por ellos en oración porque creemos que no hay límites en lo que Dios provee.

> **¿Cómo influye en nuestra rutina diaria el mandamiento de orar sin cesar?**
>
> *PREGUNTA #2*

Efesios 6:19-20

Cuando Pablo escribió esta carta, estaba prisionero esperando juicio en Roma. Sin embargo su pedido no fue que lo dejaran libre o lo perdonaran. En cambio, él les pidió a los efesios que oraran para que pudiera decir las palabras correctas con valor y compartir el evangelio aun en cadenas. Pablo sabía que iba a tener una audiencia ante las autoridades romanas, aun ante la presencia del emperador. Debido a que su llamado al ministerio era llevar el evangelio "...en presencia de los gentiles, y de reyes,..." (Hechos 9:15), Pablo veía la audiencia con los gobernadores de Roma como una oportunidad ideal para cumplir la misión que Dios le había encomendado.

Me llama la atención que aun Pablo necesitaba la ayuda de Dios para decir las palabras correctas en el momento correcto y para hablar con valentía. Pablo creía que Dios actuaría en respuesta a las oraciones de sus hermanos cristianos que intercedían a su favor. Pablo anhelaba las oraciones de los miembros de la iglesia.

Los líderes espirituales son el blanco de los ataques de Satanás. Si él puede vencer a un líder, puede impactar negativamente a otros en el reino de Dios. A continuación hay algunas sugerencias prácticas para interceder a favor de nuestros pastores y otros líderes de la iglesia:

▶ **Ore por su predicación y enseñanza.** Ore para que Dios les de sabiduría, entendimiento y palabras para decir.

▶ **Ore por sus familias.** Los pastores a menudo dejan de lado a sus familias por las demandas de la iglesia. Ellos agonizan por las críticas que les hacen de su familia.

▶ **Ore pidiendo protección.** Pida a Dios que fortalezca a los líderes de la iglesia en contra de la tentación de la codicia, adulterio, enojo y otros pecados que el diablo puede usar para destruir su ministerio.

▶ **Ore por salud espiritual y mental.** Pida a Dios que llene a los líderes de la iglesia con sabiduría y discernimiento para que puedan liderar bien y tomar decisiones correctas.

¿Qué nos está impidiendo ser más conscientes de las peticiones de oración de nuestros líderes?

PREGUNTA **#3**

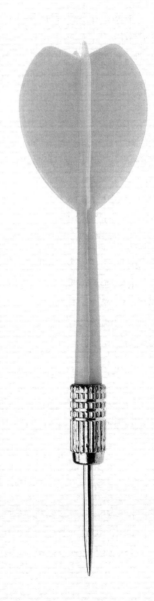

Efesios 6:21-22

Los pedidos de oración de Pablo a las iglesias primitivas son temas muy comunes en sus cartas (ver Romanos 15:30; Colosenses 4:3-4; y 2 Tesalonicenses 3:1-2). Si Pablo necesitaba oración para participar en la misión de la iglesia, seguramente usted y yo nos podemos beneficiar al orar por los miembros de nuestras iglesias —y también al pedirles que oren por nosotros.

A lo mejor usted se pregunta: *¿cómo se por qué debo orar cuando intercedo por otros?* La respuesta es que usted debe hacer un esfuerzo por estar informado de cómo orar por los otros miembros de la iglesia. De hecho, esa es una de nuestras responsabilidades como miembros de la iglesia.

Por supuesto, lo ideal es que hermanos y hermanas en Cristo hagan pedidos de oración por necesidades específicas. También ayuda cuando las iglesias tienen sistemas para que la congregación sepa rápida y apropiadamente de situaciones que necesitan oración. Esta es la razón por la que Pablo mandó a Tíquico a los Efesios y otras iglesias —para animarlas, y para que supieran cómo podían orar por las necesidades de Pablo.

La rapidez y accesibilidad de las comunicaciones modernas nos permiten estar informados de las necesidades de oración de manera ilimitada. A continuación hay algunas maneras que usted puede estar conectado y orar por otros:

▶ Comuníquese con las personas por las que está orando para saber qué está pasando en sus vidas. Visite, llame, mande correo electrónico o escriba. Invierta su tiempo en indagar más allá de la superficie para descubrir sus necesidades y objetivos espirituales.

▶ Escriba los pedidos de oración para que pueda orar persistentemente y luego preguntar si hay cambios en la situación.

▶ Lea los recursos de las organizaciones misioneras para saber cómo los misioneros están sembrando el evangelio en Estados Unidos y en todo el mundo—y las maneras diferentes por las que puede orar por ellos.

> **¿Cómo podemos discernir por quién o por qué podemos orar?**
>
> P R E G U N T A **#4**

> **¿Cómo podemos usar las herramientas que tenemos a nuestra disposición para apoyarnos más plenamente unos a otros a través de la oración?**
>
> P R E G U N T A **#5**

"Como mi pastor no puede depender solo de sí para todo lo que tiene que hacer, diariamente le pediré a Dios que le de fuerzas y sabiduría".

—THOM RAINER, *SOY MIEMBRO DE LA IGLESIA*

TIEMPO DE **ORAR**

Mire al diagrama que hizo en la página 49. Vuelva a hacer el diagrama para que represente cómo va a pasar su tiempo durante un día típico de esta semana.

¿Cómo va a incorporar la oración en cada parte de su día?

....

....

....

....

....

....

PÓNGALO **EN PRACTICA**

Dios obra a través de las oraciones de su pueblo. Por lo tanto, considere estas maneras prácticas de orar por sus hermanos y hermanas en Cristo:

▶ **Ore por salvación.** Muchas personas no tienen los beneficios de la membresía de la iglesia porque no son parte de la iglesia. Ore por la salvación de una persona que lo necesite.

▶ **Ore por los líderes de la iglesia.** Dedique cinco minutos cada día para orar por su(s) pastor(es) y líderes de la iglesia. (Nota: Esto funciona mejor si les solicita pedidos de oración.)

▶ **Conozca las necesidades de por lo menos un misionero.** Ore cada día por ese misionero y su trabajo por lo menos durante un mes.

La oración nos da acceso al poder y la presencia de Dios. Cuando creemos eso, "Voy a orar por ti" se convierte en una responsabilidad solemne y una promesa que cambiará la vida dentro del cuerpo de Cristo.

Peticiones de oración del grupo

[1]Philip Yancey, *Prayer: Does It Make Any Difference* (Zondervan, 2006), p. 117.

Conectados: Mi vida en la iglesia

Qué gozo tan grande se siente al venir a Cristo y tener una relación personal con Él. Como hemos visto a través de este estudio, nuestra relación con Cristo también nos lleva a tener una relación con otros creyentes. Estamos conectados unos a otros. Somos la novia de Cristo y el cuerpo de Cristo.

Cristo

La iglesia no existe sin Jesucristo. Él es tanto la cabeza de la iglesia como su único fundamento. Gracias a la obra de Cristo, tenemos una relación con Él y con todos los que tienen una relación con Él.

Comunidad

De acuerdo a su definición, comunidad se refiere a un grupo de personas que comparten algo en común. La iglesia es una comunidad que comparte una fe común en Cristo. Ningún creyente puede funcionar plenamente, crecer, o servir a Cristo si está apartado de la comunidad de fe.

Cultura

Cuando personas de diferentes orígenes y razas se juntan en una comunidad de fe, atrae la atención del mundo. A pesar de nuestras diferencias, somos uno en Cristo, y el mundo no tiene base para entender esto. Nuestra unidad como iglesia apunta a Cristo.

GUÍA PARA EL LÍDER

SOY MIEMBRO DE LA IGLESIA ¿Y AHORA QUÉ?

INSTRUCCIONES GENERALES

Para que este estudio sea más provechoso y para tener una experiencia de grupo mejor, se recomienda que todos los participantes lean toda la enseñanza y los comentarios antes de la reunión del grupo. Como líder, es importante que usted se familiarice con el contenido y esté preparado para resumirlo para su grupo a medida que avanza cada semana en el material.

Cada sesión del estudio bíblico está formada por tres partes:

1. APLICACIÓN PARA LA VIDA.

Una introducción al tema de la sesión y su conexión con la vida diaria, con un breve comentario del texto bíblico básico. Esta parte también incluye una pregunta o actividad rompe hielo.

2. ¿QUÉ DICE LA BIBLIA?

Esta parte contiene la mayor parte de cada sesión e incluye el texto de la escritura con explicaciones, palabras e ideas claves del texto. Esta parte incluye la mayor parte del contenido diseñado para provocar y mantener una conversación dentro del grupo.

3. PÓNGALO EN PRACTICA.

Esta parte final se enfoca en la aplicación, usando declaraciones resumidas para contestar a la pregunta, ¿Y ahora qué? Como líder, esté preparado para desafiar al grupo a que aplique lo aprendido durante la discusión, transformándolo en acción durante la semana.

Para los lideres de grupo, esta guía contiene varios puntos y herramientas diseñadas para ayudarlo a guiar a los participantes en el estudio del material.

PREGUNTA 1—ROMPEHIELO

Estas preguntas y/o actividades están diseñadas para ayudar a los participantes a hacer la transición al estudio y comenzar a involucrarse en los temas básicos que se van a discutir. Asegúrese que todos tienen oportunidad de hablar, pero mantenga un ambiente liviano.

PREGUNTAS PARA DEBATIR

Cada sección "¿Qué dice la Biblia?" contiene por lo menos cuatro preguntas diseñadas para comenzar un debate e interacción dentro del grupo. Estas preguntas animan el pensamiento crítico, así que tenga un periodo de tiempo silencioso para que los participantes procesen la pregunta y formulen la respuesta.

La guía del líder también tiene preguntas y actividades opcionales que pueden ser de ayuda para su grupo siempre y cuando que tenga suficiente tiempo.

SESIÓN 1: CONECTADOS EN CRISTO

El asunto: La membresía de la iglesia es un privilegio posible a través de Cristo.

El pasaje: Efesios 2:17-22

El contexto: Pablo escribió la carta a los Efesios desde la prisión probablemente en Roma. Él había invertido mucho de su tiempo en Éfeso, habiendo visitado el lugar brevemente casi al final de su segundo viaje misionero y había pasado tres años en la ciudad en su tercer viaje misionero. En Éfeso, la cristiandad confrontaba a otras religiones y la filosofía griega. Pablo escribió para aclarar qué es, cómo se entra a formar parte y cómo uno se comporta como parte de la "iglesia".

Pregunta 1: ¿Cuándo estuvo usted interesado en unirse a un grupo o una causa?

> *Actividad opcional:* : Instruya a los participantes a buscar tarjetas de membresía en sus carteras o billeteras. Pueden ser de la biblioteca, de programas de descuento de supermercados —cualquier cosa que les de acceso a un lugar o servicio específico. Pida al grupo que muestre las tarjetas si se sienten cómodos y después concluya la actividad preguntando a algunos voluntarios que compartan qué tarjeta les resulta más útil y porqué.

¿QUÉ DICE LA BIBLIA?

PIDA A UN VOLUNTARIO QUE LEA EN VOZ ALTA EFESIOS 2:17-22.

Después pregunte:

- ¿Cuál es su reacción inicial a estos versículos?
- ¿Qué le gusta del texto?
- ¿Qué preguntas tiene sobre estos versículos?

DIRIJA LA ATENCIÓN DEL GRUPO A EFESIOS 2:17-18.

Pregunta 2: ¿Qué emociones experimenta cuando piensa en que tiene acceso directo a Dios?

La idea detrás de esta pregunta es que los miembros del grupo consideren el poder y la maravilla detrás de este acceso. Es inmediato y directo pero sólo posible a través de Jesús. Antes de que los miembros del grupo puedan identificar cualquier emoción asociada con el pasaje deben entender la realidad del pasaje. Eso es, Jesús hizo posible el acceso directo a Dios para todos nosotros —los que estamos cerca y los que estamos lejos de Él.

> **Pregunta opcional:** ¿Cómo han cambiado sus reacciones emocionales hacia Dios con el paso del tiempo?

SIGA CON EFESIOS 2:19.

Pregunta 3: ¿En qué se parece ser miembro de la iglesia con ser parte de una familia?

Esta es una pregunta de interpretación que se incluye para ayudar a los miembros del grupo a examinar los aspectos de ser parte de "la familia de Dios" y sus implicaciones. Esto anima a conversar sobre un concepto conocido por la mayoría de las personas —familia— que también se puede aplicar a la membresía de la iglesia.

Pregunta opcional: ¿Cuáles son algunas de las diferencias básicas entre ser parte de una iglesia y ser parte de una familia?

CONTINÚE CON EFESIOS 2:20-22

Pregunta 4: ¿Qué nos impide ver la membresía de la iglesia como un privilegio?

Esta pregunta de aplicación les pide a los miembros del grupo que examinen sus propias motivaciones para hacerse miembros y qué se interpone entre ellos y el entendimiento de que la membresía de la iglesia es un privilegio. Somos llamados a servir al cuerpo, ministrar a otros y animarnos unos a otros, sin embargo muchos de nosotros no vemos esto como un privilegio. La pregunta ayudará al grupo a ser más consciente de los obstáculos que les impiden estar conectados en Cristo.

> *Pregunta opcional:* ¿De qué forma fue recientemente bendecido, alentado y animado como miembro de su iglesia?

> *Actividad opcional*: Dirija a los miembros del grupo en la actividad "Su membresía ideal" en la página 9. Pida a voluntarios que describan su membresía ideal.

Pregunta 5: Jesús sigue siendo el fundamento de la iglesia. ¿Cuál es nuestra función en la continuación de su obra?

El propósito de esta pregunta es ayudar al grupo a identificar su participación en la continuación de Su obra. Asegúrese de apuntar a Jesús como la piedra fundamental y lo que significa para cada uno de nosotros como miembros del cuerpo de la iglesia que está viva y activa —no estancada.

> *Actividad opcional:* ¿Qué obstáculos le han impedido participar más en el trabajo de la iglesia?

Nota: La siguiente pregunta no aparece en el libro del alumno. Si dispone de tiempo suficiente, úsela en su discusión de grupo.

Pregunta 6: Dr. Rainer dice, "Muchas iglesias están débiles porque algunos hermanos no entienden en absoluto lo que significa ser miembro, o lo entienden mal" (*Soy miembro de La Iglesia, p.6*). ¿Qué acciones podemos tomar como grupo para ayudar a definir o redefinir la membresía de la iglesia como un regalo y un privilegio dentro de nuestra propia congregación?

Esta es una pregunta de aplicación para contestar en grupo, en lugar de individualmente. Anime la participación de cada integrante, no solo en listar formas de definir o redefinir la membresía de la iglesia, pero también sobre poner acción. La pregunta no es solo cómo ponerlo en práctica, sino también porqué su grupo debería de cambiar.

PÓNGALO EN PRACTICA

Efesios 2 nos ayuda a entender qué es la Iglesia. Anime al grupo a considerar las tres opciones de cómo aplicar esta verdad:

- **La membresía en la iglesia es un regalo.** Dele gracias a Dios todos los días por la oportunidad de formar parte de Su familia, la iglesia.

- **Haga las preguntas correctas.** John F. Kennedy desafío a sus conciudadanos diciendo "no pregunten qué puede hacer su país por usted, pregunte qué puede hacer usted por su país". Esta semana, pregunte a su pastor, "¿Qué puedo hacer yo por la iglesia?"

- **Invite a otros.** Identifique a aquellos a los que debe presentarles el evangelio y que deben formar parte de la iglesia. Invite por lo menos a uno de esos individuos a que vengan a la iglesia esta semana.

Desafío: La membresía de la iglesia no es acerca de nuestras necesidades. Es acerca de satisfacer las necesidades de los demás. Y es acerca de servir al único Dios verdadero. Por cierto, la membresía tiene sus privilegios. Pase tiempo esta semana pensando en cuáles son esos privilegios. Escríbalos en algún lugar como recordatorio. Permita que esos privilegios sean parte de lo que lo motiva a servir a Cristo a través de la iglesia.

Orar: Pregunte si hay pedidos de oración y pida a los miembros del grupo que oren por diferentes pedidos como intercesores. Como líder, cierre este tiempo dedicando a los miembros del grupo al Señor y pídale que ayude a cada uno a recordar que la membresía de la iglesia es un privilegio y a tratarla como tal.

SESIÓN 2: CONECTADOS EN UNIDAD

El asunto: La unidad se da, pero mantenerse unido requiere esfuerzo.

El pasaje: Efesios 4:1-6

El contexto: Muchas de las cartas de Pablo en el Nuevo Testamento incluyen dos secciones amplias: una sección teológica donde Pablo trata el tema desde una perspectiva doctrinal, seguida por una sección de comportamiento o ética que elabora cómo la teología afecta la vida práctica de los creyentes. La sección ética/ práctica de Efesios comienza en 4:1 y habla sobre la aplicación de la redención. Pablo comienza la sección con un énfasis acerca de la unidad que el Espíritu Santo trae a la iglesia.

Pregunta 1: ¿Alguna vez estuvo en una situación donde trabajar juntos era una necesidad y no una opción?

> *Actividad opcional*: Guíe a los participantes a hacer un ejercicio diseñado para ayudarlos a experimentar trabajo de grupo. Busque dos imágenes (de por lo menos 8.5 x 11 pulgadas) que sean muy distintas una de otra. Corte cada imagen en 10 pedazos y después mezcle los pedazos en un recipiente. (Nota: Si tiene más de 20 personas en el grupo corte las fotos en más pedazos.)
>
> Instruya a los participantes a pasar el recipiente por el grupo y a elegir un pedazo. Cada persona debería tener varios pedazos de las fotos. Cuando el recipiente esté vacío, desafíe al grupo a armar las fotos en menos de 5 minutos.

¿QUÉ DICE LA BIBLIA?

PIDA A UN VOLUNTARIO QUE LEA EN VOZ ALTA EFESIOS 4:1-6.

Después pregunte:

- ¿Cuál fue su respuesta inicial a estos versículos?
- ¿Qué preguntas tiene sobre estos versículos?
- ¿Qué espera aprender del estudio sobre la unidad de la iglesia?

DIRIJA LA ATENCIÓN DEL GRUPO A EFESIOS 4:1-2.

Pregunta 2: ¿Qué parte de estos versículos es la más difícil de aplicar?

Siempre se ha resaltado la importancia de la unidad en la iglesia. Esta pregunta de auto revelación está diseñada a pedir al grupo que identifiquen barreras personales para la unidad de la iglesia y para que exploren las razones detrás de esas barreras.

> **Pregunta opcional:** ¿Cómo describiría el "llamado" que hemos recibido como seguidores de Jesús y miembros de la iglesia?
>
> **Actividad opcional**: Dirija al grupo a la actividad "¿Tiene paciencia?" en la página 19. Anime a los participantes a comparar sus métodos para mostrar paciencia en circunstancias difíciles.

SIGA CON EFESIOS 4:3.

Pregunta 3: ¿Por qué cuesta tanto esfuerzo mantenerse unidos?

En esta discusión es importante conocer cómo el pecado, nuestra naturaleza mundana y nuestra cultura tienden a servir a estos aspectos de nuestra humanidad. La palabra "costo" es mencionada porque debemos vencer estos obstáculos.

Pregunta opcional: Basado en su experiencia, ¿porqué vale la pena esforzarse por la unidad?

CONTINÚE CON EFESIOS 4:4-6.

Pregunta 4: Dado que las iglesias son tan diversas ¿qué nos une a nosotros como el cuerpo de Cristo?

Esta pregunta de interpretación pide a los miembros del grupo que analicen el uso de la palabra "un" en este pasaje. Puede recordarles que cuando una misma palabra se ve frecuentemente en el mismo pasaje requiere nuestra atención.

Pregunta opcional: ¿Qué acciones amenazan interrumpir la unidad?

Pregunta 5: ¿Qué pasos podemos tomar para demostrar unidad en nuestra iglesia y comunidad?

Desafíe al grupo a contestar específicamente esta pregunta de aplicación.

Actividad opcional: ¿Cuál paso específico dará esta semana para trabajar a favor de la unidad en nuestra iglesia y comunidad?

Nota: La siguiente pregunta no aparece en el libro del alumno. Si dispone de tiempo suficiente, úsela en su discusión de grupo.

Pregunta 6: ¿Cuál es uno de los logros que su/nuestra iglesia ha logrado como resultado de trabajar juntos?

Esté preparado para ofrecer ejemplos para contestar esta pregunta.

PÓNGALO EN PRACTICA

Usted puede elegir. Sus acciones esta semana van a contribuir a la unidad o división de la iglesia. Invite a los miembros del grupo a considerar maneras prácticas en que puedan aplicar lo que aprendieron:

- **No participe en los chismes.** Pare los chismes cuando se los cuenten y en su lugar busque maneras de animar a las personas.
- **Perdone. Todos fuimos heridos.** Identifique los resentimientos que ha estado acumulando y perdone a las personas que están involucradas.
- **Busque el perdón.** Obre con el Espíritu Santo para identificar maneras en que usted ha contribuido a la división dentro de su iglesia. Confiese sus acciones y busque ser perdonado.

Desafío: Algunas veces el conflicto y la desarmonía nos golpean cuando menos lo esperamos. Es importante que estemos preparados para cuando vengan estos conflictos. Pase tiempo esta semana desarrollando un plan de juego sobre qué acciones puede tomar cuando vea que la unidad ,en su área de influencia, está amenazada.

Orar: Pregunte si hay pedidos de oración y pida a miembros del grupo que oren por diferentes pedidos como intercesores. Como líder, cierre este tiempo dedicando a los miembros del grupo al Señor y pídale que ayude a cada uno a contribuir a un espíritu de unidad en la iglesia.

El asunto: Los miembros de la iglesia se necesitan unos a otros para poder crecer en Cristo.

El pasaje: Efesios 4:11-16

El contexto: Acompañando la unidad sobre el Espíritu Santo (sesión 2) vienen los dones que tienen los cristianos a través de Jesucristo. Los dones que reciben los creyentes no son, sin embargo, para la gratificación personal o para que los recipientes se vanaglorien o presuman. En cambio, Él desea que Sus dones se usen para el mutuo crecimiento de la iglesia con el propósito de que cada persona alcance una madurez espiritual basado en la plenitud de Cristo.

Pregunta 1: ¿Qué es lo que más le gusta de ser un fan (aficionado/hincha)?

> *Actividad opcional*: Traiga una colección de DVDs en sus estuches (o pida al grupo que cada uno traiga su película favorita). Arregle las películas para que sean visibles a todos los participantes y después pida a algunos voluntarios que contesten la pregunta: Si usted tuviera la oportunidad de ser la estrella en un papel de estas películas, ¿Cuál elegiría? (Nota: Asegúrese que las películas no sean ofensivas o de mal gusto para los otros miembros del grupo.)

¿QUÉ DICE LA BIBLIA?

PIDA A UN VOLUNTARIO QUE LEA EN VOZ ALTA EFESIOS 4:11-16.

Después pregunte:

- ¿Cuál es su reacción inicial a estos versículos?
- ¿Qué preguntas tiene sobre estos versículos?
- ¿Qué nueva aplicación espera sacar de este pasaje?

ENFOQUE LA ATENCIÓN DEL GRUPO A EFESIOS 4:11-12.

Pregunta 2: ¿Cuándo se ha sentido completamente equipado para cumplir una tarea importante?

Esta pregunta se incluye para promover la conversación sobre modelar, entrenar y enseñar. Las respuestas tendrían que describir situaciones en las cuales cada miembro del grupo se sintió equipado y qué hizo que el equipamiento fuera efectivo.

> *Actividad opcional:* ¿Qué emociones experimenta cuando no se siente equipado para desarrollar tareas importantes? ¿Por qué?

Pregunta 3: ¿Qué obstáculos nos impiden equipar a otros o que nos equipen a nosotros mismos?

Esta pregunta está incluida para luchar en contra de la idea que la membresía de la iglesia es "fácil" y no requiere nada de nosotros. Como líder usted debe recalcar que el crecimiento espiritual individual tanto en nosotros como en otros miembros es una responsabilidad que pertenece a cada uno de nosotros.

> *Actividad opcional*: Dirija a los miembros del grupo a la actividad titulada "¿Quién te ayudó a crecer?" en la p. 31. Pida a voluntarios que compartan sobre individuos que fueron de influencia en su desarrollo espiritual.

VAYA A EFESIOS 4:13.

Pregunta 4: ¿Cómo podemos medir la madurez espiritual basados en la plenitud de Cristo?

Pida al grupo que lea cuidadosamente Efesios 4:13 y consideren lo que el autor de Efesios está revelando acerca de la madurez y la unidad. Específicamente examinen "unidad en la fe", "conocimiento del Hijo de Dios", "un varón perfecto" y "la medida de la estatura de la plenitud de Cristo".

> *Actividad opcional:* ¿Cuáles son algunos indicadores que usamos frecuentemente para evaluar nuestra madurez espiritual como miembros de la iglesia?

CONTINÚE CON EFESIOS 4:14-16.

Pregunta 5: ¿Qué consejo le daría a alguien que está tratando de tener un balance entre decir la verdad y mostrar amor?

Cuando conteste esta pregunta de aplicación, recuerde que hablar la verdad — aun cuando sea difícil— es crucial para estar conectados en unidad. Usted puede considerar pedir al grupo que debata las muchas y variadas aplicaciones de lo que significa "hablar la verdad" en amor.

> *Actividad opcional:* ¿Alguna vez alguien le dijo la verdad en amor? ¿Cómo respondió?

Note: La siguiente pregunta no aparece en el libro del alumno. Si dispone de tiempo suficiente, úsela en su discusión de grupo.

Pregunta 6: ¿Cómo describiría su papel o función dentro del cuerpo de Cristo?

Como parte de esta conversación haga referencia a Efesios 4:11-12. Preste atención especial a las maneras que cada miembro del grupo puede equipar a otros además de ser equipado. Sea sensible a los visitantes, nuevos creyentes y a los no creyentes que pueden no tener un margen de referencia para contestar.

> *Actividad opcional:* ¿Cómo apoyan ese rol o función, los dones y talentos que Dios le dio?

PÓNGALO EN PRACTICA

Usted tiene la responsabilidad de equipar a otros para el ministerio o participar usted mismo en el ministerio. Anime a los miembros del grupo a considerar las siguientes maneras prácticas de cumplir con esta responsabilidad y de unirse al movimiento de crecimiento espiritual:

- **Sea un participante, no un espectador.** Identifique una manera específica y práctica de servir a otros en su iglesia y comunidad.

- **Prepárese.** Con el Espíritu Santo como guía, busque a alguien mayor y más sabio que pueda ayudarlo como mentor espiritual.

- **Cúidese en lo que dice.** Cuando tenga conflictos durante la semana, haga un esfuerzo para decir la verdad de tal manera que también demuestre amor.

Desafío: ¿Cuál es su papel en la iglesia? La respuesta a esta pregunta es clave para entrar en el campo de juego y ayudar a su equipo —el cuerpo de Cristo— a esforzarse a crecer y obtener una victoria espiritual en el mundo de hoy. Esta semana pase tiempo en oración, pidiendo al Señor que le dé una visión clara de Su rol para usted en su iglesia. Considere tomar nota de los pensamientos y preguntas que usted tenga, así como cualquier cosa que usted sienta que Él le está diciendo durante este tiempo.

Orar: Pregunte si hay pedidos de oración y pida a miembros del grupo que oren por diferentes pedidos como intercesores. Como líder, cierre este tiempo pidiendo al Señor que les muestre a cada uno sus roles y responsabilidades en su iglesia.

El asunto: Nuestras palabras importan.

El pasaje: Efesios 4:25-32

El contexto: A medida que Pablo desarrolla las ramificaciones éticas de la teología de la redención —cómo ser la iglesia— comienza con las implicaciones corporales (sesiones 2 y 3). De la misma manera que los cristianos son responsables de la unidad y madurez del grupo, también tienen responsabilidades individuales. En este pasaje Pablo muestra una serie de decisiones que cada creyente debe hacer para facilitar mejor la unidad y madurez del grupo.

Pregunta 1: ¿Cuál es su forma favorita de compartir buenas noticias?

> *Actividad opcional*: Ayude al grupo a prestar atención a su manera de hablar enfatizando las palabras bueno/a y malo/a durante la conversación. Instruya a los participantes a aplaudir una vez cuando alguien usa la palabra bueno/a. Cuando alguien dice la palabra malo/a deben aplaudir dos veces.

¿QUÉ DICE LA BIBLIA?

PIDA A UN VOLUNTARIO QUE LEA EN VOZ ALTA EFESIOS 4:25-32.
Después pregunte:

- ¿Cuál es su reacción inicial a estos versículos?
- ¿Qué le gusta de este texto?
- ¿Qué nueva aplicación espera recibir acerca del poder de las palabras?

LEA EFESIOS 4:25-28.
Pregunta 2: ¿Cuál es su primera reacción a lo que dice Pablo acerca de la honestidad y el enojo?

Esta pregunta les pide a los miembros del grupo que busquen más profundo en el pasaje y respondan a este pedido de cuidar sus palabras, emociones y reacciones. Pida al grupo que dé ejemplos y situaciones específicas en sus respuestas.

> *Actividad opcional:* ¿Le resulta fácil o difícil "enojarse pero no pecar"? Explique.

> *Actividad opcional*: Dirija al grupo a completar la actividad "¿Enojarse pero no pecar?" en la página 39. Pida a voluntarios que expresen lo que piensan o preguntas que tengan mientras completan la actividad.

LEA EFESIOS 4:29-30.
Pregunta 3: ¿Cómo se puede beneficiar la iglesia con miembros que hablen con integridad?

Esta es una pregunta de observación que le pide al grupo que conversen sobre los beneficios que recibe la iglesia cuando somos disciplinados sobre la integridad de nuestras palabras. También pude discutir con el grupo cómo la falta de disciplina en las palabras afecta la unidad de la iglesia.

Actividad opcional: ¿Cómo se ha beneficiado recientemente por otros que hablan con integridad?

Pregunta 4: ¿Cómo amplifica la tecnología el impacto de nuestras palabras?

Esta pregunta se refiere al papel que los medios de comunicación sociales tales como Twitter, Facebook e Instagram y la tecnología, tales como mensajes de texto, juegan en nuestra conexión a través de las palabras. Muchas veces es instantáneo, permanente y muy público.

Actividad opcional: ¿Cuáles otros aspectos de la cultura moderna han impactado la manera que nos comunicamos entre nosotros?

SIGA CON EFESIOS 4:31-32.

Pregunta 5: ¿Qué hábitos, rutinas y decisiones nos ayudarán a hacer los cambios comandados aquí?

Usted tendrá algún miembro del grupo que batalla con estas reacciones en diferentes niveles. Para algunos es un problema permanente y para otros puede ser momentáneo. La pregunta le está pidiendo a los dos grupos a que den pasos reales para proteger nuestra conexión a través de las palabras.

Actividad opcional: "Seguir a Jesucristo requiere que nos relacionemos con otros de la manera que Él se relaciona con nosotros". Usando Efesios 4:31-32, dé ejemplos específicos de cómo se ve esto cuando vivimos nuestra vida diaria.

Nota: La siguiente pregunta no aparece en el libro del alumno. Si dispone de tiempo suficiente, úsela en su discusión de grupo.

Pregunta 6: ¿Qué obstáculos tienen la probabilidad de dificultarnos para hablar con integridad diariamente?

Esta pregunta requiere transparencia. Por eso debe estar listo con ejemplos propios.

PÓNGALO EN PRACTICA

Elegir hablar de manera positiva puede parecer fácil, pero puede ser difícil de lograr. Invite a los miembros del grupo a considerar tres opciones para elegir nuestras palabras sabiamente.

- **Hable positivamente.** Busque oportunidades en que sus palabras animen, motiven, den esperanza, guíen, o simplemente produzcan una sonrisa.

- **Memorice el Salmo 19:14.** Ore este versículo cada mañana cuando se prepara para el día. Que sea su guía en lo que dice.

- **Sea honesto.** Identifique a una persona con quien ha sido deshonesto recientemente. Confiese su decepción, pida perdón y afirme su compromiso de usar un lenguaje honesto de ahora en adelante.

Desafío: Las palabras pueden herir. Pero las palabras también pueden ser una fuerza poderosa para bien. Comience cada día esta próxima semana con un plan de algo que usted hará para traer esperanza dentro de la oscuridad y conectar a otros con Cristo a través de sus palabras.

Orar: Pregunte si hay pedidos de oración y pida a miembros del grupo que oren por diferentes pedidos como intercesores. Como líder, cierre este tiempo pidiendo al Señor que les ayude a cada uno a usar palabras que motiven, animen e inspiren.

SESIÓN 5: CONECTADO EN EL SERVICIO

El asunto: Servir en la iglesia no es acerca de lo que yo quiero.

El pasaje: Efesios 5:15-21

El contexto: Vivir de acuerdo a la teología de la redención implica mucho más que observar una lista breve de comportamientos "malos" y reemplazarlos con comportamientos "buenos". Involucra un cambio completo de estilo de vida —como nos comportamos o vivimos. Significa vivir como gente sabia en lugar de continuamente seguir el andar necio de los que no son cristianos. Significa elegir someterse al Espíritu Santo en lugar de a los apetitos carnales. Significa interactuar con otros cristianos de una manera consistente con su conexión con ellos, es decir, la persona de Jesucristo.

Pregunta 1: ¿Qué es algo que siempre quiso pero que nunca tuvo?

Actividad opcional: Divida a los participantes en dos o tres subgrupos. Instruya a cada subgrupo a diseñar un ministerio sin fines de lucro que pueda impactar al mundo de manera positiva. Use las siguientes preguntas para ayudar a los miembros del grupo a pensar sobre los diferentes aspectos involucrados en la creación de tal ministerio.

- ¿Cuál sería el propósito principal del ministerio?
- ¿Cómo se financiaría el ministerio?
- ¿Qué tipo de empleados o voluntarios requeriría el ministerio?
- ¿Qué obstáculos deberán superar para poder comenzar este ministerio?

Junte al grupo después de 5-10 minutos. Si tiene tiempo, anime al grupo a compartir los elementos principales de las ideas para el ministerio.

¿QUÉ DICE LA BIBLIA?

PIDA A UN VOLUNTARIO QUE LEA EN VOZ ALTA EFESIOS 5:15-21.

Después pregunte:

- ¿Cuál es su reacción inicial a estos versículos?
- ¿Qué preguntas tiene acerca de estos versículos?
- ¿Qué nueva aplicación espera recibir de este pasaje?

DIRIJA LA ATENCIÓN DEL GRUPO A EFESIOS 5:15-17.

Pregunta 2: ¿Quién ha sido un modelo de sabiduría en su vida?

Asegúrese que el grupo responde de manera consistente con Efesios 5:15-17. Esta pregunta permite al grupo definir sabiduría describiendo una persona que influyó en su vida.

Actividad opcional: ¿Cómo definiría o resumiría el concepto de sabiduría?

VAYA A EFESIOS 5:18.

Pregunta 3: ¿Cuáles son las implicaciones de ser llenos del Espíritu en la vida diaria?

El énfasis de esta pregunta es la práctica regular y "diaria" de ser llenos del Espíritu Santo. Los miembros del grupo deberán conversar lo que esto implica acerca de cómo deberían usar su tiempo y energía.

> *Actividad opcional:* El Espíritu Santo habita en cada cristiano, pero no todos los cristianos siguen la dirección e instrucción del Espíritu Santo. ¿Cuáles son las implicaciones cuando no le permitimos llenarnos diariamente en relación con el servicio a través de la iglesia?

VAYA A EFESIOS 5:19-21.

Pregunta 4: ¿Qué cambios debemos hacer para servir a Dios de la manera que Él quiere?

Anime al grupo a examinar el texto con más detalle cuando consideren los cambios que deberán hacer para ser más efectivos en el servicio. Muestre las diferencias entre un impulso que se origina en el corazón y un sentido por obligación.

> *Actividad opcional:* ¿Qué beneficios personales puede esperar de estos cambios?

Pregunta 5: ¿Qué significa someterse unos a otros en el contexto de la iglesia local?

Esta pregunta refuerza el punto que, como miembros de la iglesia debemos poner de lado nuestro interés y ganancia personal y someternos unos a otros. Pida al grupo que explore lo que significa "someterse" en sus relaciones unos con otros dentro del cuerpo.

> *Actividad opcional:* ¿Qué acciones o actitudes nos ayudan a estar sometidos de esta manera?

> *Actividad opcional:* ¿Qué acciones o actitudes frenan nuestra habilidad de demostrar sumisión mutua?

Nota: La siguiente pregunta no aparece en el libro del alumno. Si dispone de tiempo suficiente, úsela en su discusión de grupo.

Pregunta 6: ¿Qué beneficios ha recibido por servir en la iglesia local?

Esta es una oportunidad para que los miembros del grupo compartan experiencias. Estas experiencias son tanto un testimonio como un momento de aprendizaje.

> *Actividad opcional*: Dirija al grupo a completar la actividad "Uso del tiempo" de la página 49. Anime a los participantes a compartir ideas prácticas para servir a otros durante el día.

PÓNGALO EN PRACTICA

¿Es usted un dador o un receptor en el cuerpo de Cristo? Anime al grupo a considerar las siguientes ideas prácticas para involucrar a su iglesia de la manera correcta:

- **Estúdiese a sí mismo.** Vuelva a leer los patrones de comportamiento de iglesias centradas en sí mismas en las páginas 48-49. Tome un momento para considerar si usted mismo contribuye o no con alguno de estos patrones en su propia iglesia.

- **Acentúe lo positivo.** Haga una lista de todo lo que le gusta de su iglesia local.

- **Participe.** Trabaje con los líderes de su iglesia para identificar un ministerio en donde su servicio sea necesario. Después involúcrese y sirva con sabiduría.

Desafío: En el mundo de hoy la sumisión va en contra de la cultura. Puede ser difícil someterse al Espíritu de Dios —y especialmente a otros miembros del cuerpo de Cristo. Pero vale la pena. Esta semana practique ser sumiso. Cada mañana, pida al Señor que guíe sus pensamientos, actitudes, palabras y acciones. Al final de la semana, evalúe si fue sensible a Su guía y si haber sido sumiso hizo una diferencia en la manera que usted vive.

Orar: Pregunte si hay pedidos de oración y pida a miembros del grupo que oren por diferentes pedidos como intercesores. Como líder, cierre este tiempo pidiendo al Señor que les muestre a cada uno como servir más desinteresadamente en la iglesia.

SESIÓN 6: CONECTADOS A TRAVÉS DE LA ORACIÓN

El asunto: Apoye a su iglesia en oración.

El pasaje: Efesios 6:18-22

El contexto: Antes de terminar la carta a los Efesios, Pablo tiene una última palabra de instrucción antes de despedirse: oren. Las religiones y filosofías en competencia con el cristianismo no se fueron de Éfeso simplemente porque Pablo escribió a la iglesia. Para mantenerse firmes en su fe en contra del mal que los rodea, los creyentes deben orar. Deben orar en todo tiempo. Deben orar con perseverancia. Deben orar unos por otros. Deben orar por aquellos que los lideran y los guían.

Pregunta 1: ¿Qué es lo que más extraña cuando se corta/va la luz?

> *Actividad opcional*: Comience el debate entregando una batería AAA o una AA a cada participante como recordatorio de que la oración nos da acceso al poder de Dios. Después que cada persona tenga su batería, guíe al grupo en un período extendido de oración. Asegúrese de incluir un tiempo de alabanza y agradecimiento dirigidos a Dios, tanto como un tiempo de intercesión donde los miembros del grupo comparten sus necesidades y oran unos por los otros.

¿QUÉ DICE LA BIBLIA?

PIDA A UN VOLUNTARIO QUE LEA EN VOZ ALTA EFESIOS 6:18-22.

Después pregunte:

- ¿Cuál es su reacción inicial a estos versículos?
- ¿Qué preguntas tiene acerca de cómo puede apoyar a su iglesia a través de la oración?
- ¿Qué nueva aplicación espera recibir de este pasaje?

DIRIJA LA ATENCIÓN DEL GRUPO A EFESIOS 6:18.

Pregunta 2: ¿Cómo influye en nuestra diaria rutina el mandamiento de orar sin cesar?

Esta es una pregunta de interpretación para que el grupo entienda mejor el efecto de la oración y el acto de orar en lo que se relaciona con sus vidas diarias.

> *Actividad opcional:* ¿Qué métodos o técnicas le han ayudado a incorporar la oración en su vida diaria?

> *Actividad opcional*: Dirija a los miembros del grupo a la actividad "Tiempo de orar" en la página 61.

Anime a los participantes a compartir ideas de cómo incorporar la oración en la rutina de cada día.

LEA EFESIOS 6:19-20.

Pregunta 3: ¿Qué nos está impidiendo ser más consciente de las peticiones de oración de nuestros líderes?

Esta pregunta le pide al grupo que considere las maneras que ellos pueden orar por los líderes de su iglesia. Dado que no todos los pastores y otro personal de la iglesia son completamente abiertos, los miembros de la iglesia deben ser perspicaces en cómo orar por los líderes.

> ***Actividad opcional:*** ¿En qué áreas piensa que sus líderes necesitan más el apoyo de la oración? ¿Cómo se compara lo que usted piensa con la lista en la página 61?

CONTINÚE CON EFESIOS 6:21-22.

Pregunta 4: ¿Cómo determinamos y establecemos prioridades en las necesidades de oración?

Los miembros de la iglesia necesitan un proceso para desarrollar una vida de oración intercesora. Esto incluye escuchar con discernimiento, preguntar cómo orar por otros y conocer las necesidades de las personas en nuestras vidas.

> ***Actividad opcional:*** ¿Dónde trazamos la línea entre averiguar cómo orar por otros y husmear para chismear?

Pregunta 5: ¿Cómo podemos usar las herramientas que tenemos a nuestra disposición para apoyarnos más plenamente unos a otros a través de la oración?

Esta es una pregunta de aplicación. Puede comenzar con una lista corta de las "herramientas" de oración para comunicar los pedidos de oración tales como e-mail, visita personal, llamada de teléfono, internet. También conversen sobre las maneras en que su grupo puede usar mejor estas herramientas para mantenerse conectados en oración.

Note: La siguiente pregunta no aparece en el libro del alumno. Si dispone de tiempo suficiente, úsela en su discusión de grupo.

Pregunta 6: ¿Cuál es el papel que la transparencia y la autenticidad juegan en la comunidad de creyentes en cuanto a estar conectados en oración?

Estas preguntas le piden al grupo que considere el papel que la honestidad juega en la iglesia a nivel de conexión por medio de la oración. No podemos apoyarnos unos a otros si no sabemos lo que pasa en la vida de los otros. Pueden conversar sobre los niveles de transparencia y desafiarlos a niveles más grandes de autenticidad como parte de esta pregunta.

> ***Actividad opcional:*** ¿Qué está haciendo para estar seguro que su comunidad de creyentes sabe cómo orar por usted?

PÓNGALO EN PRACTICA

Dios obra a través de las oraciones de su gente. Anime a los miembros del grupo a considerar las siguientes maneras prácticas de orar por sus hermanos y hermanas en Cristo:

- **Ore por salvación.** Muchas personas no tienen los beneficios de la membresía de la iglesia porque no son parte de la iglesia. Ore por la salvación de una persona que la necesite.

- **Ore por los líderes de la iglesia.** Dedique cinco minutos cada día para orar por su(s) pastor(es) y líderes de la iglesia. (Nota: Esto funciona mejor si les solicita pedidos de oración.)

- **Conozca las necesidades de por lo menos un misionero.** Ore cada día por ese misionero y su trabajo por lo menos por un mes.

Desafío: La oración nos da acceso al poder y la presencia de Dios. Orar por otros es una responsabilidad solemne y una promesa que puede cambiar la vida dentro del cuerpo de Cristo. Identifique dos o tres personas nuevas por los cuales comenzará a orar esta semana. Comience contactándolos para preguntarles cómo puede orar específicamente por sus necesidades.

Orar: Como líder, cierre esta sesión final en oración. Pida al Señor que ayude a cada uno de ustedes a seguir adelante para descubrir y redescubrir el gozo y privilegio que viene de estar comprometido con la iglesia local.